5年
「単位量あたりの大きさ」

青山尚司

6年

「円の面積」

森本隆史

自らの数量や図形に対する「みえ方」を豊かにし、自覚的に働かせることのできる「見方」へと成長させ、自ら算数の世界を拡げていく力を養うこと

6年

「対称な図形」

夏坂哲志

算数サマーフェスティバル | 2022年7月9日
テーマ：授業で個を生かすために教師が意識すべきことと具体的手立て

OBの田中博史氏、山本良和氏を交えた授業協議会

FEATURES

協働的な学びを支える「聞く力」
──「聞く」で育てる思考力

特集2
算数に向かう「美意識」を育てる　──既習事項を生かして新たな学びをつくる

REGULARS

表紙解説　「心象抽象／Cool and Passion」　八洲学園大学 教授　佐々木達行
　デザインテーマ「心象抽象」、本号の心象イメージの主題は「冷静と情熱（Cool and Passion）」である。
　色彩は赤を主色に、形態は螺旋を使い情熱的なイメージを演出した。一方、冷静的なイメージとして寒色系を中心に、幾何学形をプリズム的に構成した。赤と青の補色対比による「動と静」、曲線と円形、直線と方形の対比による「動と静」のイメージを色彩と形態の2視点から捉えた表現である。

他者を介して学ぶ

　先日，本校 OB のある先生と会う機会があった。算数部ではないが，現役の頃から何かと声をかけてくださった先輩である。

　話題は自然と，コロナ禍の学校の様子のことになった。

「飲み会ができないのが困りますねえ」

　そんな話をした。

　本校には職員室が無い。職員会議室という部屋はあるが，そこは会議を行うだけの部屋で，ふだんは，教科毎の準備室で仕事をする。そこでの話題は教科の話になることが多い。「今日，こんな授業をしたよ」「すごい発想をした子がいたよ」という話から授業づくりのヒントを得ることができたし，ちょっとした打ち合わせをすることもできた。

　ところが，今は，子ども達が密にならないように教室で声かけをするために，休み時間もなかなか準備室に戻ることができない。お互いに距離をとるために放課後も自分の教室で仕事をすることが多いようだ。

　そのため，お互いに顔を合わせる時間が少なくなった。それに加えて，飲み会も減ったため，お互いのことだけではなく，学校の仕事を進めていく上での心構えのようなものを学ぶ機会を失ってしまったように感じていたのである。

　そういう時間が少なくなったと言おうとしたとき，その先輩は次のように言った。

「飲み会の時に，隣の席で他の人が注意されているのを見て，あれはやっちゃいけないんだな，って学ぶんだよな」

　思い当たることはたくさんある。確かに，自分が直接怒られなくても，他の人が言われているのを聞いて，「自分もそれをしているぞ。あれはやっちゃだめなのか。やばい，やばい。すぐにやめなければ」のように思ったことは一度や二度ではない。

　なるほど。自分がその当事者ではないとしても，その場にいることで知らず知らずのうちに教わっていることはたくさんある。

　教室で，みんなで学ぶよさは，そういうところにもある。誰かがつぶやいた言葉が耳に入ってきたり，失敗も含めて，自分一人では思いつかなかった考えに触れたりすることが，みんなで学ぶよさである。

　PC に向かって，自分に最適だという問題を次々に与えられたり，自分にとって最もわかりやすい解説をしてもらったりする環境では，他の雑音は入ってこない。けれども，その雑音のような情報の中に，大切なことが含まれていることがある。それに出合えないのは非常にもったいないことではないか。

　研究会も同じ。オンライン研究会を，PC の前に座って一人で聞いているだけでは，自分の力量分の情報しか入ってこない。けれども，周りに他の人がいれば，同じ授業を見ても自分とは違う見方があることを知ることができる。

　オンライン授業研やオンライン講演が当たり前になってくると，そこでは得られない大切なことに気づかないまま，偏った授業観ができてしまうかもしれない。それは危険なことだ。

142号編集担当　夏坂哲志

なぜ「聞く」を重視するのか

夏坂哲志

1 積極的に「聞く」

「発言が少ない」「上手に説明することができない」のように，「話す」ことについての悩みを伺うことは多い。意見を交流させることを「話し合い」と呼ぶことや，授業で発表するときの「話型」が作られることからしても，「聞く」よりも「話す」方に目が向けられることが多いように思う。

確かに，意見が活発に交わされる授業は，子どもたちがよく考えているように見える。話せるということは，それぞれの子が自分の意見をもっているということであり，また，それを伝える意欲や技能，そしてその意見を受け入れる学級の風土があるということを示す。だから，活発に意見を交流することを否定するつもりはない。

人に伝えることによって，自分の考えを整理したり振り返ったりすることもできるので，その効果も理解しているつもりである。

では，話せればよいのか，というと，必ずしもそうとは言い切れない。

極端なことを言うと，全員が勝手に自分の考えを話し始めたらどうだろう。その状態をよしとする先生はいないと思う。ちょっとした疑問や迷い，驚きなどがつい声に出てしまう呟きと，他の子が考えたり話したりしているのを押しのけるようにして自分の考えを話し始めるのは，全く異なる。

手を挙げて指名されてから順に発言したとしても，それぞれの子の話すことが全く絡み合うこと無く，平行線をたどるような内容を話し始めたとしたら，そこから新しいことは生まれにくい。そのような姿を望んでいるわけでもない。

これに対し，発言の量は少なくても，誰かの考えについてみんなが時間をかけてじっくりと考え続けたり，ノートに鉛筆を走らせたりしている授業から創り出される考えの方が，発言の多い授業よりも密度の濃いものかもしれない。

「話す」は外に対して働きかけるために積極的な行動で，「聞く」は外から発せられる情報を受け取るだけの行動のように思われるのかもしれない。しかし，みんなで何かを創り上げたり解決したりしていくときの「聞く」は決して受け身ではない。2つの考えの小さな違いを聞き取る，話していることの先を考えながら聞く，理由を考えながら聞く，必要な情報を整理しながら聞く……のように積極的に，そして自分の立場をもって耳を傾ける聞き方がある。それは大切だ。

2 「聞く」から始まる算数の授業

算数の授業では，はじめに教師が問題を提示する。

問題文を読み上げながら黒板に書くこともあれば，ある図形を提示して「この形は何でしょう？」と尋ねることもある。問題提示の仕方はいろいろとあって，中には何も言わずに何かを見せる場合もあるだろう。そんな場合を除いて，ほとんどの場合，音声をともなって問題を伝える。

子どもはそれを「聞く」。そこから授業は始まる。このとき，子どもはどのような聞き方をしているだろうか。ただ聞き流している子はいないだろうか。

聞く力が備わっている子は，問題文の場面をイメージしながら聞く，尋ねられていることの意味を確かめながら聞く，問題文にある条件は十分かどうかを考えながら聞く，数量の関係を捉えようとしながら聞く，わからないことがあれば訊く（質問する），最初に何をすればいいんだろう，今までの問題とどこが違うだろう……のような聞き方をする。すでに，その時点から問題に向かっているのである。そんな聞き方ができるようにしたい。

もう少し授業が進むと，今度は友達の話を「聞く」。

そのときに，「この子はどの部分の話をしているのだろう」，「なぜそうしようと思ったのだろう」，「自分が考えていることと同じだろうか」，「そのやり方は正しいのだろうか」，「今話していることはどこにつながるのだろう」……のように聞いている子と，とにかく

話していることを理解しようと聞いている子と，耳から音は入ってきているがなんとなく聞き流している子……など，様々な子がいる。

このように，「聞く」に注目して，授業中に子どもの頭の中で起こっていることを想像してみると，授業づくりで留意すべき点が見えてきそうである。

3 途中を「聞く」

「わからない」という子の中には，「聞いていなかった」という子もいるが，「聞いていたけどわからない」「ここまでわかったけど，ここからがわからない」という子もいる。

「わからない」の中身も，「言っていることがわからない」もあれば，「言っていることはわかるけど，なぜそうしたのかがわからない」ということもある。

算数の授業では，答えにたどり着くまでの過程についてみんなで考える。そのときに，大切になることは，正しく聞き取ることである。もし，途中でわからなくなると，その先もわからなくなることも多い。「ここまでは理解できた。では，次に進もう」のようにして，少しずつ前に進んでいく。だから，もしわからなくなったら，その時点で「どうして？」「それはこういうこと？」のように尋ねるとよい。尋ねること，確認することも，「聞く」の大切な一つである。それによって，新たな気づきが得られるはずである。

本号では，そんな様々な「聞く」に焦点を当てて考えてみたい。

Ability to listen

変容するために「聞く」
―理解や思考を深める子どもを育てる―

盛山隆雄

1 算数の授業における「聞く」場面
―どういった表現を聞くのか―

自分の思いや思考を相手に伝えるための数学的表現には，次のようなものがある。

> ・記号的表現（数字や式など）
> ・図的表現（絵，図，グラフなど）
> ・言語的表現（日常言語による説明）
> ・操作的表現（半具体物をモデルとする操作）
> ・現実的表現（実物を用いた操作や実験）

「聞く」のは，相手の音声表現である。上記の数学的表現の中では，言語的表現にあたる。しかし，言語的表現は，単独で使われることもあるが，その他の4つの数学的表現と関連づけて使われることが多い。

2 子どもが聞きたくなるように

教師や友だちの話を聞きとることは，簡単なことではない。友だちが話した後に，

「○○さん，□□さんの言ったことを，もう一度言ってみて」

と指名しても，答えることができない子どもはたくさんいる。耳に説明の音は入っているのだが，その意味を理解し，自分の言葉でもう一度再現するとなると，ハードルが上がる。

しかし，授業者は，子どものせいにばかりしてはならない。授業の中で「聞く」という行為は何気なく行えるものではなく，何らかの動機づけが必要である。子どもが聞きたくなるような工夫をして，子どもが主体的に「聞く」姿勢を引き出してあげるように努めることが大切である。

その姿勢をつくるためには，子どもが「どうしたら解けるのかな？」，「どうしてこうなるのかな？」，「前の問題と何が違うのかな？」といった問いを持てるようにする。

授業において問いを全体で共有すると，子どもたちは，問いについて考え始め，自分の思いや考えをもとうとする。自分の考えができると，友だちの考えと比較したいので聞きたくなる。また，子どもたちがもつ思いや考えは，一様ではないためにズレが生じる。そのズレは，子ども達に新たな問いをつくり，検討場面が生まれる。このようにしてできた検討場面は，子ども達にとって聞き逃したくない話でいっぱいになるはずである。

3 変容するために「聞く」
―個別最適な学びをつくり出す子どもたち―

4年生のわり算の筆算の導入授業を例に「聞く」ことで変容する子どもたちの姿をお伝えしたい。本号の連載に示している授業で

もある。

① 間違いを修正する場面

　30÷3の答えを10と求めた後，図で意味を説明する場面があった。このとき，3人で等分するという等分除の場面なのに，ある子どもが包含除の図をかいて説明した。場面の意味を考えず，単に計算の答えを求めるための図をかいたようだった。最初は他の子どもも気が付かなかったが，少しずつ気がつく子どもが増え，「横に囲むんじゃないかな。」と子どもたちは言い始めた。

　その説明を全員で聞いていると，最初に包含除の図をかいた子どもが

　「あー，わかったー」

と言った。その言葉を聞いて，もう一度その子に説明をしてもらった。今度は見事に問題場面に合うように説明をすることができた。

　その子どもだけでなく，最初は包含除の図と思っていた子どもたちは，友だちの考えを聞くことで，自分の見方を最適な方向に修正したのである。

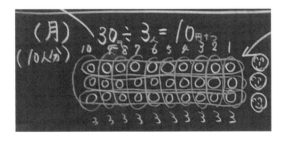

② 図を検討する場面

　等分除の場面をアレイ図で表現することができた子どもたちから，もっと簡単な図があるという言葉が出てきた。その後，テープ図とお金の図が黒板に書かれた。

　30÷3や60÷3の計算の仕方が次のように説明された。

　「60÷3は，6÷3＝2と計算するけど，その2は，10が2つ分の意味だから答えは20になります。」

　この説明は，10を単位にした説明なので，お金の図がわかりやすいという話になった。「どの図がわかりやすいのかな？」，「それぞれの図の違いは何だろう？」といった問いをもって図を比較検討しているので，子どもたちは話をよく聞こうとした。このときの図の価値を見いだしていった場面は，最適な学びに向かう子どもたちの姿といってよい。

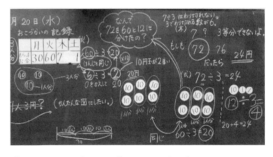

③ 72の見方を最適にする話し合い

　72円を3人で等分するという場面では，72円のお金の図をモデルとして計算の仕方を考えた。ある子どもがお金の図を用いて，72円を60円と12円にわけて並べた。その瞬間，様々な問いが生まれた。なぜ72を60と12にわけたのか，その後にどんな計算をして72÷3の答えを導くのか。友だちの考えを聞きながら考えを交流する場面が続いた。

　友だちの考えを「聞く」ことで，自分の考えを変容させ，最適にしていく協働的な学びをつくるために，「聞く」ことの価値を再認識することが必要と考える。

対等で互恵的な対話を生む

夏坂哲志

1 協働的な学び

協働的な学びについて，私は，本誌特別号⑰（東洋館出版社，2016）の中で，「対等」「対話」「互恵性」の3つの視点が大切だと述べた。

1つ目の「対等」は，子ども同士が対等であること，そして，教師と子どもが対等であることを指す。

同じ教室の中には，算数が得意な子もいれば苦手な子もいる。それ以外にも，人前で話すことに抵抗が無い子と苦手意識をもっている子，先行知識がある子と無い子のように，様々な子が一緒に学習している。これらの子たちが，みんな対等に自分の考えを言えるということが求められる。

また，教師と子どもの関係に目を向けると，教師は方法や答えを知っている。しかし，教師が，自分が考えたシナリオに子どもの思考を当てはめようとしても無理が生じるし，子どもが，「最後は先生が教えてくれることに従えばよい」というような授業観を持っていたのでは，その授業は子どもの思考力や主体性を育てるものにはならない。

2つ目の「対話」は，その対等な関係性の中で成立する。

対話は，あるテーマに対して，自由な雰囲気の中で，それぞれの意味づけを共有しながら，お互いの理解を深めたり，新たな意味づけをつくり出したりするためのコミュニケーションである。

問題に対して考えたことや，考えていこうとする方向性が，はじめはみんな少しずつ違う。その違いを理解し共有しながら，それぞれの考えの交流がなされることが重要である。

3つ目の「互恵性」は，みんなで考えた過程や，そこで得られた知識，見方・考え方がお互いにとってプラスになったと感じられるということである。別の言い方をすると，問題解決の過程を通して得られた価値を共有する場があるということである。

整理すると，協働的な学びとは，対等な関係で対話することにより，お互いに「よかった」と思えるような意味づけをつくり出していくことだと言える。

2 少しずつ違う

「4軒の家の間に電話線を引きます。電話線は全部で何本必要でしょうか」という問題について考えたときのこと。あるクラスで答えを尋ねたら，全員が「4本」と答えた。

この問題に対して，全員が同じ答えを答えることは珍しく，だいたい意見は分かれる。

自分と違う答えがある方が，展開はしやすい。なぜなら，自然に「自分の答えは合っているのかな？」という気持ちが働くからである。そして，「もう一度，考え直してみよう」とか，「問題の意味をきちんと捉えられているのかな？」と見直しを始める。あるいは，「どうして，その答えになったの？」と他の子の求め方が気になってくるために，そこから交流が始まることが期待できる。

ところが，全員同じ答えの場合，そのような議論は起こらない。正直，困ってしまった。

そこで，苦肉の策として，絵をかかせてみることにした。すると，線の引き方に，次の2通りがあることがわかった。

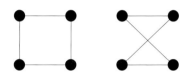

答えは同じ「4本」でも，線の引き方が違うのである。そこから，授業は動き出した。

問題の意味の捉え方や，はじめの関わり方は，子どもによって少しずつ違う。これをお互いに聞き合うことを意識することが大事だと改めて思う。

3 「聞く」ことで変わる

「52枚の折り紙を4人で等分します。1人分は何枚でしょうか」の問題で，$52 \div 4$と立式できた子が，答えに「9あまり16」と書いた後，その答えを眺めながら首をかしげていた。この子は，3年生で学習した「あまりのあるわり算」の計算の仕方を思い出し，4の段の九九を使って答えを求めたのだ。

この子の考えを聞いた他の子たちは，この考えをどうするだろうか。

対応の仕方は様々あると思われるが，「この答えは間違いです。正解は……です」のように進むとすれば，この授業で得られるものは非常に貧素なものになってしまう。

「9あまり16」という答えを聞いた他の子が，「折り紙はまだ16枚余っているから，それも分けられるよ」のように言ってあげたなら，この答えを生かして正解にたどり着くことができる。

このようなアドバイスを受けた子は，自分が考えたことが，まだ答えにたどり着く途中であることに気付けば，その先を自分で考えていけるかもしれない。

また，アドバイスをした子には，折り紙を分けている場面がより鮮明に見えてきて，全体を一度に分けなくても，一部分を分け，その後で残りを分けるという分け方でもよいことに気付くかもしれない。

両方の子にとって，「よかった」と思える場面ができるわけである。

劇作家の平田オリザ氏は，ディベート（討論）とダイアローグ（対話）の違いについて問われたときに，次のように答えたそうだ。"ディベートは，話す前と後で考えが変わったほうが負け。ダイアローグは，話す前と後で考えが変わっていなければ意味がない。"（「折々のことば」朝日新聞．2018年2月20日．朝刊より）

個々の見方や考え方が変わる場が，「聞く」ことによってつくれるとよい。

Ability to listen

指導しても「聞く」子どもはなかなか育たない

森本隆史

◆「聞く」の前に

安心の反対は不安である。子どもたちが不安を感じる場をつくらないようにすることがまずは大切である。

低学年の子どもたちに起こりやすいことがある。ある子どもが発言をした後，すぐにちがう子どもが手を挙げる。先ほどの子どもが言ったこととはまったくちがうことを言う。さらに，ちがう子どもが発言をするが，つながりはない。つまり，自分の言いたいことだけを発言できれば満足してしまうということである。あえて「だけ」という表現をした。「伝える」と「伝わる」は意味がまったく違う。この場合，伝えるというよりも，ただ言おうとしているという表現の方が近いかもしれない。こういうとき，まわりには何も伝わっていないことが多い。聞けていない。

この状態が日常になってしまうと，子どもたちの中で，友だちの発言に対して，「無関心」が当たり前の状況になってしまう。そんな中でも手を挙げて発言するのは，一部の子どもだけという環境ができあがる。何かを伝えたいと思っても，このような場で手を挙げることに安心はできない。「自分の言ったことをきちんと聞いてくれる友だちがいる」という教室をつくることが大切である。

◆形式ではなく意味が大切

何のために人の話を聞くように，子どもたちに伝えるのか。人の話を聞くということは，「その人のことを大切にする」ということだと思っている。そのことを，大人である教師が，子どもたちに教えていくことが大切である。「たった一つの話だが，その一つを聴いてもらえなかったら，人はどんなことを感じるのか」そのことについて考えたり，感じたりすることが，子どもたちにとって大切なことだと思っている。

では，授業場面で教師はどのようにすればよいのだろうか。

Aくんが発言した子ども，Bくんが話を聞いていなかった子どもだとする。Aくんの発表が終わった後に，BくんにAくんがどんなことを言ったのかを尋ねてみる。尋ねるときは，だれでも簡単に答えることができる内容がよい。

「Aくんはどんなことを言っていた？」

低学年の子どもたちには，友だちの言ったことを再現することはかなり難しい。しかし，その子どもが聞いていたかどうかは，ある程度判断できる。ほとんどの場合，話を聞いていなかった子どもは何も言うことができない。そのときに，我々はBくんに指導したくなっ

てしまう。

「人の話をきちんと聞きなさい」などと。このような言葉はすぐに出てくるのだが，ここでグッとこらえる。このような指導をしたからといって，特に意味があるわけではないからである。それでは，どうすればよいのか。

この場面で，聞き手のBくんではなく話し手のAくんに話しかける。

「一生懸命発表したのに，Bくんに伝わってなかったみたいだよ。今，どんな気持ち？」

そうすると，Aくんはどのようなことを言うだろうか。ほとんどの子どもは，

「聞いてもらえなくて，悲しい」

と言うだろう。そこで，さらにBくんにこう言う。

「Aくん……，悲しいって」

と。あえて，間をとることもある。ほとんどの場合，Bくんにあたる子どもは，「しまったあ」という顔をする。たまに，泣いてしまう子どももいるくらい。わたしの場合，教師が直接的にしかることはしないようにしている。あまり効果がないし，意味がないからだ。その代わり，話を聞いてもらえなかった友だちがどんな気持ちになっているのかを，その子どもの口から伝えるようにしている。アイメッセージとして相手に伝えるのである。

「自分が話を聞かないということは，友だちを悲しい気持ちにさせてしまう」

という"意味"を感じさせるようにするのである。ただし，ここで決してBくんをそのままにしてはいけない。

「もう一回言ってみる？」

と言い，Aくんにもう一回発表してもらう。Bくんの様子を見ておくと，Bくんは一生懸命聞こうとする。Aくんが話し終わった後，もう一度BくんにAくんがどんなことを言ったのかを尋ねてみる。

きっと，Bくんは，Aくんがどんなことを言ったのか，完ぺきではないにしろ，言葉にすることができるだろう。

このとき，すぐにBくんのことをほめたくなるのだが，Bくんをほめるのではなく，さっきと同じようにAくんに尋ねる。

「Bくんが，Aくんの言ったことわかってくれていたね。今，どんな気持ち？」

すると，ほとんどの場合，Aくんにあたる子どもは，「聞いてもらえて，うれしい」と言う。そこで，わたしは，Bくんに言う。

「Aくんは，うれしいって」と。

すべてがうまくいくわけではないのだが，AくんもBくんもうれしい表情をすることが想像できるだろう。

形式をつくることよりも大切なことがある。それは，友だち一人ひとりの言葉を大切にすることが，友だち一人ひとりをうれしい気持ちにさせているという"意味"を子どもたちに感じさせることである。

算数では，他の教科と比べて，多様な考えが出やすい。自分とちがう考えの場合，すぐに理解することが難しい場合が多い。

子どもたちの考えを引き出し，つなげていくとき，まずはお互いが安心して，話し合うことができる環境を教師がつくってあげなければならない。

仲間の話を聞き，解釈する子どもに育てる

大野　桂

■仲間の話を聞き，解釈する子どもに育てる

　低学年の子どもは，意欲的に発言をするが，発言をさせてみると，本時のねらいに即していない意見や，そこまでの授業の流れと関係ない唐突な意見がなされることが少なくない。

　この理由は，「問題事象を一方的に解釈し→その一方的な解釈で問題を解決し→それを教師に聞いてもらって褒められたい」という発達段階によるものが大きく関与する。

　そしてこれは，自己内ですべてが完結している。だから，子どもから「他にもまだあります」「ちがう考えがあります」という他の意見との関連を断つような言葉がよく聞かれる。

　しかも，一方的な解釈で問題解決に向かっているので，問題に内在する算数の本質に迫る課題を見出せていない状態で解決に向かっていることもある。だから時折，本時のねらいとずれた唐突な発言がなされる。これでは数学的な見方・考え方は育まれない。

　メタ認知が困難な低学年にとっては，
・問題に内在する算数の本質に迫る課題は，仲間の考え聞き，自己の考えと対峙させ，共通点や相違点を解釈することで見えてくる。
・自己の数学的な見方・考え方は，自分では思いもつかなかった仲間の考えや方法に触れ，その考えや方法の価値は何かを解釈することで育まれていく。

　つまり，一方的に物事を捉え，勝手な解釈で解決する傾向がある低学年にとって，課題発見や数学的な見方・考え方の育むためには，簡潔に言えば，「仲間の話を聞き，解釈する子ども」に育てる必要があるといえる。

■他者の話を聞き，復唱する

　低学年にとっては，仲間の考えを解釈するどころか，正しく聞き取ることさえ難しいと思った方がいい。

・復唱する活動を取り入れる

　そこで低学年では，仲間が何か発言をしたときに，「Aさんのお話聞けた？　Aさんが言っていたことを，もう一度言ってくれる人はいますか？」と問いかけ，復唱させる活動を行うようにしたい。

・復唱する心構えを持たせる

　ところが，上の問いかけは，仲間が発言した後に行っている。それでは，子どもにとっては，仲間の話を聞こうという心構えができていない。しかも，「もう一度言ってくれる人」と言っているので，自分が行うことにはならない。

　そこで，「これからAさんにお話をしてもらうけど，よく聞いていてね。Aさんのお話が終わったら，聞いたお話を隣の人にして

もらうよ」とするようにしたい。そうすれば，話を聞く前に，復唱をすることの心構えを持たせることができ，しかも，それは自分自身が行うことと意識することができる。

・復唱も容易ではない

そこまで心構えを持たせても，低学年にとって復唱は容易ではない。ほとんど聞き取れていないと思った方がいいかもしれない。

教師は，Aさんが話した後，この話を聞き取るのは困難だと判断したときは，「聞き取るのは大変だったでしょAさんのお話で聞こえた言葉はあるかな？」と，まずは，単語レベルでもいいので，聞こえた言葉を表現させるようにしたい。そして，そのあと，「そんな言葉が聞こえたんだね。じゃあ，Aさんにもう一度お話してもらうよ。今聞こえた言葉の前と後ろでどんなことを言っているかをよく聞いてみて。そうしたら，Aさんお話がもっと分かるかもしれないから」のように問いかけ，徐々に聞き取れるようにすることも大切である。

■他者の話の価値を解釈する

聞き取りだけでは，算数の本質に迫る課題設定もされなければ，数学的な見方・考え方も育まれない。課題設定や数学的な見方・考え方を育むには，聞き取った話の価値を解釈することが必要となる。

・「気持ち」を解釈する

例えば，3口のたし算の場面である。

問題：8＋□＋6の3つの数のたし算が簡単になるように，□の中の数をきめましょう。

Aさんの話…私は□を2にしました。8

＋2＋6の計算をすると，8＋2＝10で，その10に6を足して，10＋6＝16になります。

このようなAさんのお話を聞き，みんなが復唱した後，「どうしてAさんが2という数にきめたのか，その気持ちはわかりますか？」と気持ちを問うようにしたい。そうすることで，「分かるよ。10が作りたかったらでしょ」というAさんの考えを解釈する発言が引き出されるだろう。この先の「Aさんの話のように，10を作って計算しよう」というような課題設定に繋がるのである。

・「よいお話だったか」を解釈する

「気持ち」の解釈でだけでは，数学的な見方・考え方には至っていない。数学的な見方・考え方を引き出すためには，「お話の価値」を解釈させる必要がある。

そのためにも，気持ちを問うた後に，続けて「Aさんのお話はよいお話だと感じた？」と，価値を問うようにしたい。そうすれば，「いいお話だったよ。10＋6＝16で簡単だもん。だから，10になるように□の数をきめれば，『10＋いくつ』になってすごく簡単でいい」といった話の価値，すなわち，数学的な見方・考え方が表出するのである。

しかも，その価値が表出すれば，「10を作る」という課題が設定され，「だったら，□は4でもいい。4＋6で10が作れるから」という反応も，当然子どもから表出するだろう。

このように，「気持ち」を問い，「よいお話だったか」を解釈させる活動を意図的にしくむことが低学年では大切となってくる。

共感的に，そしてつなげる意識をもって聞くことができるように

青山尚司

1 大切にしたい2つの共感

中学年から高学年にかけて，学習内容が増え，理解の個人差も大きくなる。しかし，だからといって習熟度別で少人数指導を行うのは安易である。資質・能力は多様な個性の中で協働的に学ぶことによって育成されていくものであり，算数が得意な子だけの集団や，苦手な子だけの集団で学ばせるよりも，個性豊かな仲間たちの中で認め合う意識を高めることが大切なのである。そう考えると，算数の学習において身に付けたいのは，「共感的な聞き方」である。ただ，その共感は大きく分けて2つある。ひとつは友達の思いや気持ちを受け容れる情意面での共感である。そしてもうひとつは内容や方法のよさを認め，つなげていく思考面での共感である。以下，5年生の授業で見られた具体的な子どもの姿から，2つの共感的な聞き方について考えてみる。

2 子どもたちはどう聞いているのか

前時は，1m80円リボンの，□m分の値段を求める場面を提示した。子どもたちは，数

直線図に表された数量の関係が逆になる，□＜1の場合に興味を示し，0.1m分を求めるときに，80÷10というこれまで用いてきた

除法を，80×0.1という乗法でも表すことができることを学んだ。本時は□＝2.4，つまり2.4m分の値段を求める問題で，小数をかける計算の仕方を作っていく場面である。

Y君が，「80を10で割って8にして，2.4を10倍して24にして，8×24の計算をしました」と発言した。「何でこんなことをしようと思ったのかな？」と問うと，「小数だと面倒だから整数にしようとしたんだと思う」という反応があった。また，「どうしてこんなことができるの？」と問うと，「かける数を10倍にしたら答えも10倍になるから，逆にかけられる数を10で割った」という説明がなされた。

その後，Nさんが「2.4mを2mと0.4mに分けて，80×2で求めた160円と，80×0.4で求めた32円を足して196円を求めました」と発言した。「整数と小数に分けているから分かりやすい」という声もあったが，「小数をかける計算がまた出てきたら意味がない」という反論が出された。するとK君が，「別に×0.4は，0.1m分を4倍するだけだから簡単じゃん」と発言した。どういうことかを問

うと，数直線図を描きながら，「まずこの1m80円を10で割るじゃん。そしたらこないだやったみたいに0.1mで8円になるでしょ？ それを4倍すれば0.4m分になる」と説明した。すると，Mさんが，「それって直接24倍した方が早いんじゃない？」と呟いた。

K君も，「あ，24倍すれば答えじゃん」と気付いた。

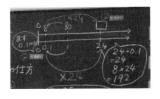

そのとき，「あれに似ている」という声が聞こえた。「どれ？」と問うと，子どもたちは，最初にY君が書いた式を一斉に指さした。そして，「1m分の80円を10で割って

0.1mの8円にして，それを24倍したら2.4m分の192円になる」という説明が再び引き出され，計算のきまりが具体的な場面と結びついたことで，多くの子の納得につながった。

ところが，最初に「似ている」と言ったTさんは，「そうじゃない」と言うのである。みんなが「え？」と注目すると，Tさんは，「去年やったカレーの問題に似ている」と答えた（カレーの問題については pp.58-59青山連載ページ参照）。「そうそう，これこれ」とノートを

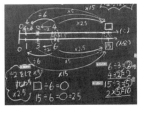

振り返る子もいる。「どんなところが似ているの？」と問うと，「いったん小さくしてから大きくするところ」と答えた。手が動いている子がいるので，「みんなジェスチャーで

できる？」と声をかけ，比例関係を用いた二段階の操作を確認した。そして，「いっきに計算することが難しい場合，いったん簡単なところにもっていってから答えまでもってくる」という4年生での既習の方法と関連付けて学ぶことができたのである。

3 説明に使うことで聞き方が育っていく

学級文化に情意面での共感が根付くと，自分と異なる意見に対しても，その意図や気持ちが分かるようになっていく。まずこれが協働的な学びの前提となる。しかし，思考面については，共感しながらも修正や反論が生まれる。前述の実態で表出した以下の声を，子どもたちはどのように聞いていただろうか。

- ・ 位ごとに分けるNさんの方法
- ・ 小数の計算は未習であるという反論
- ・ 0.1m分の4倍が簡単というK君の主張
- ・ 0.1m分から2.4m分にするMさんの呟き
- ・ 「あれに似ている」という声
- ・ Tさんが見付けた4年の学習との共通点

子どもたちは，友達の意見を鵜呑みに共感しているわけでも，むやみに反対しているわけでもない。共感できる部分を見いだし，少しずつ補ったり，つなげたりしながら集団として思考を高めているのである。

このような聞き方は，自分自身の学びに，友達の考えや既習事項を結びつけるよさをみんなで味わうことによって育っていく。

だからこそ，きまりや図表現など，汎用的に用いることができる共通の道具を丁寧に扱い，子どもたち自身の言語化を繰り返し促していくことを日々大切にしている。

Ability to listen

「話す」構えで，「聞き取る」力を育てる

田中英海

1 よく聞き取る姿を何で判断するのか？

話をよく聞ける子ども，学級集団にしたいと多くの教員は願う。黙って静かに聞いて，「いいです」「同じです」という反応する子どもや，教師が「分かりましたか？」と聞いて「はい」といえる子どもが，よく聞いている子かと言われると一概にそうとは言えない。

友だちの考えや思いを聞き取ろう，受け止めようと聞く姿勢は，受け取った考えを自分に活かそうとする姿が見えてこそ判断できる。「あ〜！」「わかった！」「そうそう！」「気持ちわかる！」といったつぶやきや仕草が自然と出せること。「なるほど！」と思ったことをノートに書くこと。「〇〇くんと同じで……」と説明に友達の名前が入ること。疑問に思ったことには「ん??」「え??」「分からない」と素直に表現したり質問したりすること。「話す」「書く」「問う」といった表現に，よく聞いている姿を捉えることができる。一方では，自分の話したいことを発表して満足してしまう姿や，今までの流れと全然違うことを話す姿を見ると，考えの意図や思いや流れまで聞き取って話すことは，子どもにとって大変難しいことだとも思う。

「聞く」ことの育ちと，「話す」ことの育ちは表裏一体である。ここでは，個人と学級集団とに分けて，「聞く」と「話す」について考えてみたい。

2 個人の「聞く」と「話す」

個人の聞く力を育てるためには，「話す」ために「聞き取る」という意識が大切だと思う。ここでの「話す」は，出力することであり，書く，メモする，選ぶ，決める，指すなどの自己表現を意識した聞き方を大事にしたい。

① 話すための聞く

他者の発言を再現させたり，解釈をペアで話し合ったりする活動を入れることがある。

表現する意識をもって聞き取ろうとできればよいが，いつでもその準備ができているわけではない。そのため，表現する活動を予告して，他者の発言を聞き取る構えをつくることが大切である。「この後，誰かにもう一度話してもらうよ」「（全員起立した後）自分の言葉で話せる人は座ろう」など，表現を意識させて聞く構えをつくる手立てをとりながら，常に出力する意識をもたせていきたい。

②話すことでメタ認知を促し，聞く意識を高める

話すなどの表現する活動は，自分の考えを相手に伝えるだけでなく，自分の理解度を捉えるメタ認知を促すことにつながる。話している途中で，何が言いたいのかよく分からなくなるということは大人でもある。子どもは

発表の最中に「……忘れました」とよく言う。そうした場合は，表現しようとするやる気を認めつつ，「〜を説明するのは難しいよね」とどこまで分かっているのかを整理してあげたい。「話す」「書く」ことは，自分の理解を確認するモニタリングを促すことになり，より分かるために聞こうとする態度につなげることができる。そのため，聞いている中で出力する時間を適宜入れることが大切である。

③ よい聞き手を意識させて，話をする

教師がよい聞き方を褒めることも大切であるが，子ども自身がよい聞き手を意識して話せるようにしたい。低・中学年であれば，誰の聞き方が話しやすかった？と聞いてもいい。また，友だちの表情や反応を見ながら，「○○さん，ここまでいい？」「……すると，ここはどうなる？　……そうそう！」など，聞き手のために立ち止まったり，質問を投げかけたりするよう話し方ができると，話し手と聞き手の双方が育っていく。

3 学習集団おける「聞く」と「話す」

つぶやきや仕草などで，聞いたことを素直に表現できるようになるためには，分からないことや友だちと違うことをポジティブに受け止める環境を作りたい。しかし，そうした環境作ろうと試行錯誤しても，なかなか上手くいかないと感じることもある。

① 子どもは，意外と聞いている

授業者として，発表者の話を聞き，個々や教室全体の様子を捉えながら授業を展開していくと，一人一人の子どもの思考の流れを捉えることは難しい。以前，教育実習生が授業をしている時，45分間，一人の子どもを観察し続けたことがある。コロナ禍前は，机が隣り合っていた分，話しやすかった。全体の発表を聞かずに，隣と話し合っている様子に耳を傾けていると，「今の……どういうこと？」「今の私もよく分からなかった」「……ことかな」と対話していた。集団の中でも「分からない」といえる子がいれば，そうした姿勢を価値付けながら違和や疑問を述べる風土を作っていけるといい。しかし，誰もができるわけではない。友だちが発表している時は，しっかり聞くことが基本ではあるが，近くの人との自然発生的な会話は，聞いているからこそ生まれている姿ともいえる。「あの二人は，話を聞いていないな……」と捉えるのか，「何かに困っているな……」と捉えるのか教師の眼が大事である。

② つまずきや誤答に共感する聞き手

解決できた子ばかりが話をしていると，聞いて分かろうとしている子も，その気持ちが保てなくなる。「困ったことや，あと少しでできそうだったことをお話できるかな？」と困難さを話題にしたい。また，「いい考えだね。今の……の発表に「ん？」って顔している子もいたけれど，ここが難しかったよと伝えられる？」と発表者を認めると同時に聞き手の疑問を言語化させたい。または，つまずきや誤答に対して，「気持ちはわかるよ」「私も始めはそうなっちゃった」といった共感を言葉にできる聞き手が必ずいる。友だちの考えと思いを「聞く」姿を価値付けて，安心して自分を出せる学習環境を作っていきたい。

発表者が安心して話せる環境をつくる

中田寿幸

1 教師が共感的に理解していく

「授業中にどの子にも発表させたい」「できるだけ声を出させたい」「子どもの声を聞きたい」と教師は願っている。しかし、なかなか話をしてくれない子どももいる。

「自信がないから」「間違えたくないから」と思っている子どもに対して、聞き手を育てることと合わせて、教師は発表する子に対して、常に受容の態度、共感的理解を示していく必要がある。その態度は聞き手の他の子どもたちの態度も変えていくことができる。

> 24このたこやきがあります。5こずつパックに入れます。パックは何こできるでしょう。

この問題を元に、3年生とあまりのあるわり算の式を考えているときである。子どもたちはこの関係を次のような式に表していった。

$24-(5×4)=4$とかけ算を使って表す子がいた。同じ見方ではあるが、$24-5-5-5-5=4$のようにひき算を使って、引いた数で答えを表す子もいた。ただし、いずれも等号の右側に答えがこない。「どうしたら等号の右側に答えがくるように表せるのか」が子どもたちの課題となった。

そんなとき、「あと1こあったら25こでぴったりわけられるのに……」と$25÷5$の式を

出した子がいた。答えは5パックできて、最後の1パックは1こ足りないパックとなる。

すると$(24+1)÷5-1=4$という式が出され、次のように説明された。

24このたこやきに1こ加えて、5個ずつのパックを作る。そこからさっき加えた1個を引くと$5-1=4$でたこやきのパックは4パックできるという答えになる。こうすると等号の右側に答えの4が出てくる。

この発表の意味が私には初めはよくわからなかった。多分、困った顔をしていただろう。発表した子は不安だったに違いない。

授業はそのまま終わり、出された式でどうして答えになるのかは次の時間に考えることとなった。

次の時間は「24個のたこやきを7個ずつのパックに詰めていく問題」に取り組んだ。

前日に出てよくわからなかった式に当てはめてみると$(24+4)÷7-4=0$になってしまった。そこで、前日答えの出た$(24+1)÷5-1=4$の式の数字の意味を考え、単位をつけながら式を考え直すと、5パックからたこやき1こだけを引いて、4パックにしていることに気がついた。

子どもたちは「何だやっぱり昨日のは偶然かあ」「この式ではできないんだね」「でも、

答えが出たときは合っていたと思ったよね」
と納得した様子だった。

前の時間に出てきたときには私自身がよく
わからなく，そのまま受け入れた状態になっ
ていた。しかし，次の日に数値を変えて取り
組むことで，子どもたちが自ら問題を解決し
てくことができたのである。

子どもが出した誤答やよくわからない意見
もまずは教師が受け入れ，共感的に理解を示
していきたい。それが子どもが安心して声を
出せる場に必要なことである。

2 子どもの声が他の子に届いているか

自分の席から，小さな声で発表する子がい
る。教師が近づき，その話を聞いて全体に広
げる方法をとるときがある。しかし，そんな
とき，私はできるだけ黒板のところから，ク
ラス全体に向けて話をさせている。

高学年で自分の席で発表をしたがる子もい
る。そんな子でもうまく伝えられないときに
指示語で説明し始めたり，黒板を指さしたり，
ジェスチャーを入れて話したりする。その瞬
間が前に来て話をさせるチャンスである。こ
れにより，発表者にはクラス全体に向かって
話をする構えを持たせることになり，席に座
っている子どもたちにも「自分が聞きとる」
という意識を持たせることができる。

黒板の前に出てきても教師に向かって話を
している子どもがいる。教師もその子に正対
して聞くことがよいこともある。

しかし，私は板書を使って発表する子には，
「お天気お姉さんになって発表するといい」

と話をしている。黒板に書きながら，あるい
は書いてあることを指し示しながら，その黒
板が見えるように体を開いて話をする。それ
により声をクラス全体に向けて発することを
意識できるようになるのである。

子どもが黒板に書くときにはできるだけ黒
板に向かって頭の上に書くようにさせている。
書いている過程が聞いている子にも見えるよ
うになる。話をする順番は書く順番と同じに
なることが多い。書いていく順が子どもの思
考の順になっているからである。

黒板に書きながら話をすることも発表する
子に勧めている。どうしても黒板に向いて話
をすることになるが，書きながら一区切りつ
いたところでクラス全体を見て確認すると良
いことを教えている。

さて，子どもたちが発表しているとき，教
師はどこを見ているのか。発表する子のこと
を見守りたい気持ちはわかる。しかし，発表
する子を教師が見ていると，発表する子も教
師に向かって発表するようになってしまう。

それよりも，発表した内容がその他の子に
伝わっているのか。他の子の聞く態勢ができ
ているのかを見ている。授業者の気持ちとし
ては発表者3：他の子どもたち7ぐらいの割
合で見ている。

聞いている子どもたちがうなずいたり，首
をかしげていたり，どのように反応している
かを見ながら，発表者の話が聞き手の子ども
たちに届いているかどうかを見ていく。こう
することで，発表を止めたり，繰り返しをさ
せたりと次の指示を決めていくことができる。

Ability to listen

わからないことを質問できるように「聞く」子どもを育てる

中田寿幸

黙って，問題を板書した。

板書：80円もって，あめを買いに行きました。全部でいくつ買えるでしょうか。

子どもたちは板書を見ながらノートに問題を写していく。板書を終えて，子どもたちに体を向ける。すると，子どもたちから質問が出る。

C：このままじゃ，分かりません。

C：あめはいくらですか？

「あめの値段がわからないとねえ」と応えながら，板書の続きを書く。

板書：1つ□円のあめをできるだけ多く買います。

C：だから，あめがいくらかわからないといくつ買えるかはわからないよ！

T：あめ1つの値段がわからないと，いくつ買えるかわからないんだね……。あめは1つ……8円です。

これは，4年「2けたでわるわり算」の1時間目の授業開始直後の場面である。3年までの既習の80÷8の答えの出し方を確かめた後に□の数を20にして，1つ20円のあめだったらいくつ買えるかを考えていく。□で提示していくのは，□の数が変化していくことを示すためである。

授業の導入場面で教師から問題を与えるとき，問題を写したり問題を声に出して読んだりすれば子どもに伝えたと考えてはいけない。問題を提示した時にはわからないことを質問

しながら，子ども自らが問題場面を理解していけるように「聞く」ようにしていかなければならない。

そのためには，条件不足の問題を提示しながら，子どもとのやり取りの中で，条件を整理していくことを普段の授業から繰り返していく必要がある。

先日参観した授業で，問題把握の場面での質問がもっと早く子どもから出される必要があったなという場面にであった。

5年生のいわゆる「植木算」の問題である。

問題：子どもが1mおきにならんで，人文字をつくります。5mの長さのⅠ（アイ）の文字は，何人でつくることができますか。

教科書の問題と素材に違いはあるが，問題文はほぼ同じものである。

ここで，4人と考えた子がいた。この子が自力解決のあとの3人グループで意見を交流しているときに先生に聞いた質問があった。

「先生，1mおきって，人と人の間が1mなんですよね」

この子は「1mおき」に立つ人の体の幅も考えていたのである。自分が人文字を作っていることをイメージした素直な見方である。

導入での問題を子どもたちにきちんと理解させたいと思ったら，子どもたちに分からないこと，あやふやなことを分かったつもりにさせないで質問できるように「聞く」ことをさせていかなければならない。

考えた筋道を聞きとる

夏坂哲志

五角形の内角の和の求め方を説明する場面について考えてみたい。

説明をする子が黒板の図に右のように直線を引いたとする。

この時点で，聞く側の子は，「あのように直線を引いて，どんな説明を始めるのだろうか」と考えられるとよい。

もし，自分も同じようにノートにかいているのであれば，「自分と同じ説明かな？違う説明かな？」というように比べながら聞けるとよい。

授業者は，ここで一旦止めて，「はじめに，このように線を引きましたよ。この後，どんな説明をすると思いますか。**ちょっと予想してみましょう**」とか「予想したことを，隣の子に話してみましょう」のようにすると，自分の考えをもって聞けるようになる。

この後，説明の続きを聞くことにする。もし，その子が「このように線を引いて，180×3＝540だから，五角形の内角の和は540度です」と言って，説明を終えたとしたらどうだろう。この説明では，十分とは言えない。それは，「なぜ，その計算になるのか」という説明がないからである。

「こうすると三角形が3つできます。三角形1つの内角の和は180度だから，その3つ分で……」のような，式を導き出す説明も必要だ。だから，聞く側は，「どうしてその計算になるの？」のような質問ができるとよい。

さて，この後，説明が補足され，この子の求め方は理解できたとする。でも，1つだけの方法がわかるだけでなく，他の方法を考えたり，他の図形についても自分の力で求め方を考えたり，説明したりできるようにしたい。

そこで，「どうしてそこに線を引こうと思ったの？」と質問できるとよいのだが，はじめからできる子はあまりいない。そんなときは，授業者が尋ねてあげてもよい。

もし，その質問に対して「ここに線を引けば，三角形に分けることができるから」「三角形の内角の和は180度だってわかっているから，それが使えると思った」という答えが返ってきたとする。その答えを聞いた子が，「内角の和がわかっている図形に分ければいいんだね。だったら，対角線を1本引けば，三角形と四角形に分けられる。四角形の内角の和も知っているから使えるよ」の

ように考えると，新たな発想につながる。

説明を聞いた後は，その説明を，もう一度他の子にわかるように話してみるとよい。

授業では，「隣の子とジャンケンして，勝った子は負けた子に説明してみましょう。もし，説明する子が説明できなくなったり，足りないところがあったら，聞く側の子は助けてあげていいですよ」のようにして，確認する場を入れるのも効果的である。

聞き手に課題をもたせる

盛山隆雄

1 ペア・グループで聞きとらせるときの問題意識

授業は，教師と子どもとの対話だけではなく，子ども同士の対話を入れることで，表現と思考が活性化する。縦糸と横糸で理解を紡ぐようなイメージである。その対話をさせるときに，

「ペアで話し合ってごらん」

といった指示だけでは，次のような問題が生じることがある。

- よく理解できている子どもが，一方的に話して終わることがある
- 話す目的がない場合，気持ちの入っていない散漫な説明になる
- 子どもに自分の考えがない場合，話し合いにならない
- どのような話し合いができたのか，説明できたのか，聞き取ることができたのかといったことを授業者が評価することが難しい

2 聞き手に課題をもたせる

そこで，次のように話し合わせることで，上記のような問題点を克服できると考えている。特に本稿では，聞き手に絞った課題について考えてみる。

① 目的を伝える（聞き手）

子どもたちに伝える目的の例をいくつか挙げておく。

- 「友だちから学びことが目的です。自分とは違う考えの場合，その考えをノートにメモしておこうね」
- 「よりよい説明をつくることが目的です。もし説明で足らない部分があったら，補足してあげようね」

② 話す（聞く）順序を決め，聞き手は評価する

ペアでもグループでも必ず全員が話をできるように配慮する。例えば，教室に6列ある場合，まずは奇数列の人が偶数列の人に話すと決める。そして，聞き手には，よくわかった場合は3，普通だった場合は2，よくわからなかった場合は1と評価してもらうことを事前に伝えておく。こうすると，話し手にも聞き手にも緊張感が走る。

ただ，「話し手が全く話せなかった場合は，聞き手が教えてあげてね」という言葉を添えておくとよい。授業者は，1という評価が現れたペアに「どんなことに困っているの？」と尋ねて何らかの支援をしたり，その子どもの困り方に応じて，その後の授業を展開したりすることができる。

③ 聞いて，1つ質問をする

友だちの考えを聞いて，何か1つ質問をすることにしてみる。聞き手には，目的は友だちの考えの理解を深めるためと伝える。質問を考えるには，よく聞かなければならないので，聞き手の態度を変えることになる。話し手も質問に答えることで，自分の考えをさらに整理して捉えることができるようになる。

「情動的共感」が先，その後「認知的共感」

森本隆史

◆「情動的共感」と「認知的共感」

わたしは，「共感する」ということを次の2つに分けて捉えている。

① 情動的共感（心による理解）

② 認知的共感（頭による理解）

「共感」という言葉を耳にすると，ふと頭の中に「人にやさしく接する」というイメージが広がってくる。このように困っている人に対しての共感は，①の情動的共感である。

①が育っていないと，わかっている子どもが中心となり，「どんどん授業を進めてほしい」という雰囲気が教室に出てきて，算数の授業は重いものになっていく。①が育っていない状態では，認知的共感は生まれにくい。

②の認知的共感は，困っている友だちがいたときに，「何に困っているのか」について考えられることだと捉えている。こちらは，「大丈夫？」と思いやるだけではなく，具体的に自分や友だちの考えがわかっていないと，共感することができない。

◆2年生「1000までの数」での姿

2年生に「10を15こあつめた数は？」と尋ねた。すると，ある子どもが，

「150です。15に0をつければいい」

と言った。「いいでーす」と聞えてきたので，

「どうして0をつけるの？」

と尋ねてみる。すると，Aくんは，

「10が10こで100になるから百の位に1を書いて，残った5こで50になるから十の位に5を

書いて，あとは何もないから一の位に0を書く」と言った。

話を聞くことができているとしたとき，このような瞬間，聞いていた子どもたちは2つの集団に分かれる。内容を理解できた子どもたちと，そうでない子どもたち。

情動的共感を育てていくためには，このようなときに，教師がわかっていないであろう子どもたちを大切にすることが重要だと考えている。発言した子どもにも，わかっていない子どもがたくさんいることを意識させたい。だから，この説明の後「ちょっとよくわからなかった人？」とわたしは言った。すると，2年生の子どもたちはたくさん手を挙げた。Aくんにその状況を見せた後，「どうしようAくん」と言ってみると，Aくんは「ここに書いてもいい？」とわたしに言ってきた。

2年生ながら，すばらしいと思った。書くことが，②認知的共感を育むことにつながるからである。

子どもたちが「わからない」状態になることの要因として，「どこの話をしているのかがわからない」ということがある。「どこに着目しているのか」を意識してお話ができるようになってくれば，聴く集団はさらに育ってくる。困っている子どもへの説明もできるようになってくる。

Ability to listen

自分の考えをもって「聞く」子どもを育てる

中田寿幸

「だったらもっと簡単にできるよ」

「手間はかかるけど，確実にできるよ」

批判的に聞くというのは，友だちの意見を否定する意味で使われることが多い。しかし，批判的に聞くというのは，反対するということだけではない。批判的に聞くとは，自分の立場をもって，相手の意見を聞いていくことと考えている。

子どもはある意味とても批判的に友だちの意見を聞いている。自分の考えが一番正しいと思っているところがある。特に間違えた子や，うまく答えが出せなかった子に対して厳しく当たることがある。

まずは友だちの意見を受け入れさせたい。その上で，より早くできる方法や，より簡単にする考え，一般化する考えなどを加えていき，考えを高めていくことを考えさせていきたい。

4年生と78÷3を考えた。78を70と8に分けてわり算をすると，70も8もあまりが出てうまく答えが出せない。

「俺も，最初そうしたよ。70と8に分けたくなる気持ちわかる。だって簡単に分けられるからね。でも，わり切れないんだよなあ」

「70じゃわり切れないなら，わり切れる数にすればいいよね。69なら3でわり切れるでしょう。1と8で9でこれもわり切れる」

「私は78を3でわり切れる60と18に分けて計算したよ」

このようにまずは友だちの考えを受け入れながら，その考えとつなげて，自分の考えを入れていく。こうしてよりよい考えに高めていくことができる。

「ちょっと待って。70と8でもちょっと面倒になるけど，できないわけじゃないよ」

「70と8を両方とも3でわると13あまり1と2あまり2でしょ。答えの13と2を合わせて15，あまりは1と2で3になって，あまりが3になると答えが1増えて，答えは16になる」

「どうですか」「いいでーす」と対応しているだけでは，よりよい考えに高めていくことはできない。「いいんだけど，こうするともっとよくなるよ」と意見を付け加えていけるように「聞く」ことをさせたい。

授業の中で間違えた答えが出てくるときがある。そんなときには教師は間違えた子どもの意見に「なるほど，そうだよね」と乗るとよい。すると誤答に気付いた子どもは教師の考えを否定することになる。同調するのは小さなエネルギーで済むが，否定するには大きなエネルギーが必要になる。しかも相手は教師がついている。「それは違う」「この部分が間違えている」「こうすればいいはず」と子どもたちは一生懸命説明していく。

教師の言葉を鵜呑みにするような子どもにしてはいけない。自分の考えを持って，批判的に聞こうとするたくましい子どもを育てていきたい。

「解釈」をする聞く

「そうしようとした気持ち」に耳を傾け，試行錯誤を通して解釈をする

大野　桂

「円と正多角形」の活用として行った「円周角」の学習。中心角を120°に設定し，「円周角がどの位置なら角の大きさが分かるか」を問うた。すると「ここは分かる」と，右の場所に円周角を示す子どもが表出した。私は，「ここ」という円周角の位置を全員と確認するために，「ここってどこ？」と問い返した。するとA君から，「真ん中」という返答がきた。

この「真ん中」が，解釈すべき内容である。「真ん中」の意味の解釈を促すべく，まずは，「真ん中」を表出したA君の気持ちを解釈させる問いかけを全員にしてみた。

> 円周角の頂点を「真ん中」にしたA君の気持ちは，みなさんはわかりますか？

「分かる」という声があがる一方で，「なんで真ん中だと円周角の大きさが分かるのか分からない……」という，困っている子どもの声も数名から上がった。この困っている子どもの声を受け止め，以下のように問い返した。

> わからない人も結構いるけど，気持ちがわかった人は，どうしてわかったの？

「線を引けば分かる」という声が上がった。ここが解釈のポイントである。ここでA君に線を引かしてしまっては，A君の気持ちの解釈にはならない。気持ちの解釈を促す

べく，次のように問いかけた。

> どんな線を引こうとしているんだろうね？

しかし，やはり「分からない」という声が数名から上がる。そこで，「とにかく線を引いてみよう。何かわかるかもしれないから」と，全員に解釈をさせるための試行錯誤を促した。

困っている子どもが引いた線は，円周角と中心角の頂点を結んだ線，すなわち半径である。そして半径を引くことで二等辺三角形が表出した。これにより霧が晴れ，半径が等しいことを書き入れ，続けて，次々と角の大きさを書き入れていった。

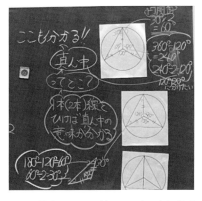

そして，「合同な二等辺三角形を作りたいから，真ん中にしたんだね」と解釈する言葉を発していた。

「そうしようとした気持ち」に耳を傾け，試行錯誤しながら解釈していく。これが，思考力を育てる「聞く」の一つの姿である。

他者の考えと自分の考えの対峙で
確かな理解を促す

大野　桂

3年「かけ算の筆算」の導入授業である。ドット図を見せ，「●がたくさんあります。この●の数を数えます」と課題を与えた。

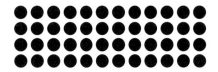

式は，12×4，4×12になるが，そのような大きな数のかけ算は未習であることを確認し，どのように●の数を数えるかを問うた。

すると「12個じゃ数が大きいから，小さくなるように分ければいい！」という発言がなされ，子どもたちはドット図に1本の線を引き，分けた。半数くらいの子どもは以下のように半分で分けていた。

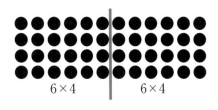

6×4　　　　6×4

すると，「もっと右側で分けても，やりやすいよ」という発言がA児からなされた。

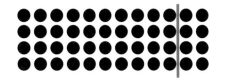

筆算へつながる「10のまとまりで分ける」という方法である。この価値を共有しようと思っていたときである，B児が，「A君がな

んでそこで分けようとしたのかわからない。おかしいよ」と発したのである。つづけて，「12個では大きいから，小さくしようとして分けるのに，なんで10なんて大きな数のところで分けるの？」とA児に向けて質問をした。本時の目的を明確に捉えているもっともな疑問である。

すると，A児がその疑問に「そうなんだけど，ここで分けるのもいいんだよ。やってみれば分かるよ！」と答えた。

その提案を聞いたB児は，「分かった。じゃあ，やってみる」と答えた。このA児とB児のやり取りにより，「10と2に分けることのよさを見つけるために，実際に計算をしてみよう」という課題が設定され，全員で実際に計算をしてみることになった。

実際にやってみたB児やそれ以外の子ども達から，「そうか，10×4＝40で10はかけ算が簡単」「2×4でまとめた8と40を足すのも，40＋8ですごく簡単」「10で分けることのよさが分かった」とA児の方法の価値を示す発言がなされ，確かな理解が浸透した。

「理解」とは，自分の考えだけでなされるものではない。本時のめあてと照らしながら他者の話を自分事として聞き，それを自らの考えと対峙させ，価値を見出していく。その「聞く」ことの過程こそが，確かな理解へとつながると考えている。

先を予想する，条件を変える

田中英海

1 先を考えながら聞く

「でも……」「だったら……」とつぶやいたり，発言したりしようとする子どもは，考えや意図を捉えようとしている良い聞き手といえる。考えをさらに進めたり，修正したり，問題場面を変えたりする聞き手に育てるためには，どのような授業ができるだろうか。

2 発言の続きを予想する

2年生のくり下がりのあるひき算の習熟を図るために，数カードを入れて，答えが＜大きくなる＞筆算をつくろうと問題を提示した。入れる数カードとして，まずは 1〜4 のカードで考えてみようと示した。

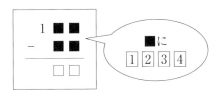

問題場面をつかむために，一度全体で数字を入れてみた。大きい数カードを上に入れると，答えが大きくなると考えているのである。「これじゃダメだよ」と子どもたちは言う。どうして，カードをこう入れたか分かるかな？と問うと，「大きい数から小さい数を引こうとしたから」とその子の意図をつかんでいる。「でも，答えは十の位までの数だから……」と発言した子を一度止めた。条件を明らかにしていく場面，誤答を修正する場面などで，発言の続きを予想させることは効果的である。「答えは十の位までの数だから……だって，この後，どんなことを言うかな？」と予想をペアで話し合わせた。一度，予想を表出させた後に，先ほどの発言した子に続きを聞くことで，先を考えながら聞くということを全員に体験させることができる。「十の位までだから，繰り下がりがある計算になる」「十の位の上に入れるカードを小さくすればいい」という見通しを共有していった。

3 限定した問題の条件を変えていく

1 2 3 4 で筆算では，答えが一番大きい数が93になった。次の 3 4 5 6 で筆算をつくらせると，こんども93になった。子ども「さっきと同点だ……！」と共通点を見いだし始めた。「だったら，6 7 8 9 の時でも……」と先を予想し始めた。さらに，「一番小さいカードが一の位の下で……」と位に着目していった。終末では，「答えが大きくなる筆算には93になったけれど……（だったら，どうしたい？）」と問題を発展させる視点を，学級の状況に応じて提示するなどして先を考える聞き手を育てていく。

続きを考える習慣をちょっとずつ

青山尚司

1 ありえないから面白い

　昔，ドリフの番組に，「もしもこんな○○があったら」というコーナーがあった。ありえない場面で酷い目に遭ったいかりや長介が，「ダメだこりゃ」というのが定番のオチである。また，ドラえもんに「もしもボックス」という秘密道具がある。受話器を取って，「もしも○○な世界だったら」と言うと，そのありえない世界が現実になる。のび太が悪ノリをして世の中がおかしくなり，ドラえもんが「元の世界に戻れ！」というのがオチである。

　子どもの頃，これらを見て「自分だったらこうしたい」と思ったことがあるのではないだろうか。「もしも〜」と仮定する意図や目的は色々あるが，面白さを実感することで子どもたちの想像力は広がっていくと考える。

2 子どもは勝手に面白くする

　身体測定の後，「しょうじくんの去年の身長は135.9 cm で，今年は□ cm になりました」と板書した。全員が書き終えるのを待っている間，いつも続きを考えてくれる子たちがいる。「『何 cm 伸びましたか？』って書くんでしょ？」という子に「それもいいね」と返すと，「来年は何 cm になっていますか？」という案が出てきた。「そんなの分かんないよ」という子に対して，「もし今年と同じくらい伸びたらって考えたらできる」という子がいた。「確かにそういうことを考えたことある」，「お父さんに，毎年10 cm 伸ばせって

言われる」と盛り上がりだした。

　こうして，"今年と同じだけ伸びるとしたら"という仮定のもと，まず今年の身長から去年の身長を引いて伸びを求め，それを今年の身長に足して来年の身長を予想してみることにした。しばらくすると，「先生，再来年のも求めた」という子がいる。「どういうこと？」と全体に問うと，「次の年もまた6.2 cm 伸びるって考えたんだと思います」という答えが返ってきた。この話を聞いて，多くの子の鉛筆が急に動き出した。そしてなぜかニヤニヤしている。「大巨人」などと言って笑っている子もいる。身長の伸びをどんどん累加しながら，2年後，3年後，4年後，5年後，……，10年後と嬉々として求めている。そして，「先生，小数もかけ算にしていいの？」という問いが生まれたのである。

3 想像力が思考を豊かにする

　上記事例は，誰が見ても明らかに比例関係が成り立たないことをあえて比例していると仮定したらどうなるかを考えた実践である。

　仮定して聞く力がある子は，想像力を働かせて自分で意思決定していく力がある。ありえないから「ダメ」「考えない」ではなく，ありえないから「面白い」「やってみよう」と試行錯誤する柔軟性を認めていきたい。

　そのために，子どもたちが想像力を働かせて問題場面を作り上げていく時間を日々ちょっとずつ取り入れるように心がけている。

間をうめる「訊く」を意識させる

森本隆史

◆5年「異分母分数の加減」でのこと

$\frac{2}{3}$ L のジュースと $\frac{1}{2}$ L のジュースをあわせると何 L になりますか。

子どもたちに上の問題を出した後，子どもたちが「$\frac{2}{3}+\frac{1}{2}$」という式を書いた。その後，教師が「$\frac{2}{3}+\frac{1}{2}=\frac{3}{5}$」とわざとまちがえた答えを書いた。このことについては，4年生の分数の加減の学習のときにも同じようなことをしているからか，多くの子どもたちが「計算の仕方がおかしい」とすぐに反論した。

おかしいことはわかったので，「どうしておかしいの？」とわたしが尋ねてみた。すると，A子は次のように言った。

「たしているのにジュースが減っているからおかしい」

この発言を聞いて，読者の方々はすぐにA子の言いたいことがわかるかもしれないが，読者の方々の教室にいる子どもたちはすぐに理解できるだろうか。

$\frac{2}{3}$ L と $\frac{3}{5}$ L では，確かに $\frac{2}{3}$ L の方が量は多い。通分してみると $\frac{10}{15}$ L と $\frac{9}{15}$ L になるのでわかる。だから，A子は「たしているのにジュースが減っている」と言ったのだろう。上に示したA子の発言を聞いていた何人かの子どもたちは，「おお，確かに」「わかる。わかる」と言っていた。

教師はこのような子どもたちの声だけで，授業を進めてはいけない。全体の場で，何の説明もされていないので，わかっている子どもだけで授業が進んでしまうからである。

この場面でB男は次のように言った。

「どうして『減っている』って，言えるの？」

$\frac{2}{3}$ と $\frac{3}{5}$ を，通分をするなどして比べていないので，減っているかどうかは，A子の発言の段階ではわからないはずである。

わたしは，B男の「どうして『減っている』って言えるの？」という発言を聞いたとき，とてもいい学び方をしていると素直に思った。自分で問題発見をすることができているし，疑問に思ったことを友だちに訊くことができているからである。

この例のように，子どもたちと算数の授業をしていると，「自分が考えたことを，他の子どもたちも考えている」という前提で話を進めてしまう子どもたちがいる。

ある程度のことを察することはできるだろうが，本人が考えていることがすべてわかるわけではない。先ほどの例のように，話や考えがとんでしまったとき，その間をうめることが大切になってくる。まずは，教師が子どもたちの話を聞き，「話がとんだな」と思ったときに，子どもたちに訊いてみるとよい。その姿を見て，子どもたちも育っていく。

Ability to listen

考えのよいところを探す

夏坂哲志

1 何か変わることはあるのかな

　4×6÷2で面積が求められる図形として，右の形を提示したときのこと。R君はこの長

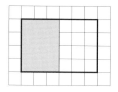

方形を見て，「ぼくも同じ形を考えていたけど，式は(4×6)÷2になると思う」と言った。

　これに対し，「括弧はつける必要がない」と言う子もいる。括弧があってもなくても，計算する順序は変わらないという意見である。

　確かにそのとおりなのだが，「だから，4×6÷2でいいです」とこの場面を通過したくない。このようなときに，「R君は，どうして括弧をつけた方がよいと考えたのかなあ」のように，一旦立ち止まって考えられるとよい。

　「4×6÷2」と「(4×6)÷2」では，何が違うのだろう？何か変わることはあるのだろうか？と。

　全体に問うてみると，ある子は，2つの式を比べて，「括弧を付けると，縦4cm，横6cmの長方形の面積を求めてから半分にしたことがわかりやすい」のように，その違いを読み取った。図形の見方の違いが，式の違いに表されているのだ。

　そのことに気づくと，「4×(6÷2)」のように，括弧を後ろにつけた場合についても考え始める子もいる。

　算数が得意な子の中には，どんどん形式で推し進めようとする子がいる。その理屈は合

っているのだが，必ずしもその場面に合ったやり方だとは限らない。

　また，方法や結果は間違っているが，やろうとしたことは他の子が思いつかないようないい発想だということも多い。その価値をみんなで認めると共に，各自が，よりよい考え方を求めていけるようにしたい。

2 同じようにできるだろうか

　もう1つ，別の例を挙げてみたい。

　次の式を書いて，計算させる。

　1+2+3+2+1=　　　…………式①

　答えを確認した後，次の式を書く。

　1+2+3+4+3+2+1=　…式②

　式②の答えを求めるとき，9+7=16と計算する子がいる。「式②の答えは，式①よりも7大きくなる」というものだ。

　では，その「7」はどこにあるだろうか。

　式①と式②を比べると，「+4+3」の部分が増えていることがわかる。一方，「2つの式を上下に並べたときに，全部1ずつ増えている。その数が7個ある」と見る子もいる。

$$0+1+2+3+2+1+0=　　　……式①$$

$$\downarrow\ \downarrow\ \downarrow\ \downarrow\ \downarrow\ \downarrow\ \downarrow_{+1}$$

$$1+2+3+4+3+2+1=　　　……式②$$

　この後，「次の式もわかるよ」「答えを求めるとき，さっきの方法が使えるよ」と言う子がいる。聞いて理解したことを，次に使ってみようとする姿である。

小さなようで大きな違いを聞き取る

盛山隆雄

1 小さな違いとは何か

　小さな違いにもいろいろなものがある。例えば，問題の条件の違い，見方の違い，式の違い，図の違い，着眼点の違いなど様々である。

　下の図は，4年生の変わり方の授業で示した階段の図である。実際には，1段，2段，3段，……と順に図を示して，伴って変わる周りの長さを求めた。

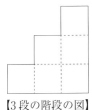

【3段の階段の図】

　3段の図のときに，次のような式が発表された。「3×4＝12」。しかし，別の子どもは「4×3＝12」と言った。この2つの式について，ある子どもは，「えっ，3×4でしょ」と言って，次のように説明した。

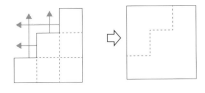

　辺を移動させて正方形に形を変える。だから，「3×4」という説明であった。この考えが見えている子どもたちは，「4×3」は，この見方を間違えて式にしてしまっていると思っていた。

2 意味の違いを聞き取る

　このとき，「4×3＝12」と言った子どもは，

「やっぱり違うんだけど……。小さな正方形3つにしたんです」

　と話した。この言葉を聞いたとき，

　「どういうこと？」

　と言って教室がざわついた。子ども達の頭の上に「？」が灯ったようだった。しばらく時間をとってペアで考えた結果，

　「あー！　わかったー！」

　と大声を出す子どもたちが現れた。そこで説明をしてもらった。

　「辺を動かすのは同じなんだけど，動かす場所が違います。このように動かすと，斜めに並ぶ3つの正方形になります。」

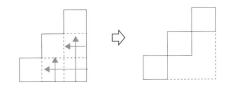

　「だから，4×3なんだー。すごい！」

　といった声が聞こえた。

3 小さな違いにこだわる子ども

　3×4と4×3のように，式の数値の順序が異なるだけで，大きな見方の違いを示すことがある。一見小さな違いに見えたり，聞こえたりすることでも，違いを聞き取り，その意味を考える子どもになってほしい。その結果，結局統合されることもあるが，それは，意味を考えたからわかること。小さな違いに面白いことはかくれている。

Ability to listen

同じ構造のリフレイン

青山尚司

1 過程や方法の共通点を

　共通点を意識して聞くようになるには，子ども自身が共通点を見つけ，よさを実感する経験を重ねることが大切である。できれば，解決の過程や方法にある共通点を低学年のうちから見いだすことができるようにしたい。

2 授業の概要

　2年生の子たちと100の合成・分解について考えた。黒板の下の方に2桁のマスを10個書き，十の位には0から9までを書き入れた。また，一の位に入れる0から9までのカードを裏返して黒板に貼り，「2か所にカードを入れて，できた2つの数を足します」と伝えた。そして，和が「大きい方が勝ち」，「100を超えたらアウト」という2つのルールを設定した。

　1枚目のカードを引いた子が，「3□」の一の位に4を入れて34とすると，2枚目を入れる場所について，「5□」と「6□」とに意見が分かれた。「5□」は，「100を超えることはないけど，小さくなるかも」，「6□」は，「6が出て100になればいいけど，6より大きいとアウトになる」という説明がそれぞれ引き出された。

　なぜ66を足すとぴったりになるのかを問うと，「一の位が4＋6で10になって，十の位は3＋6で9で，繰り上がった1を足して10になる」という説明が引き出された（ゲームとしては，「5□」に入れる派と「6□」に入れる派がそれぞれカードを引き勝負をした）。

3 「全部同じじゃん」

　次の子が7のところに1のカードを入れ「71」とすると，「29」という反応があり，「十の位が7＋2で9になって，一の位が1＋9で10になって繰り上がるから100になる」と説明をした。その後，94だったら6（06），56だったら44で，100になる説明も同様に引き出していった。

　ここで，「全部同じじゃん！」という声が聞こえ，「ホントだ！」と広がっていった。「何が同じなの？」と問うと子どもたちは一斉に話し始めた。そして，十の位の和が9に，一の位の和が10になるように考えれば，足して100になる数を素早く見つけることができることを確認したのである。

4 同じ構造のリフレイン

　子どもが共通点を見いだしたのは，実は意図的な発問による。本当に100になるのかを問い，一の位が10になって繰り上がりが生じることから，十の位を9にしておく調整法を聴覚情報として繰り返し言語化させていたのである。もちろん板書による視覚情報もあるが，同じ構造のリフレインが共通点を見いだしやすくしていることは明らかである。

| | | 1 | 2 | 3 | 4 | 4 | 5 - | 6 - | 7 | 8 | 9 |

違いをつかみ，同じを見つける

田中英海

　自分の考えと比較しながら聞くためには，まずは考えをもち，自分の立場や友達との異同を表出する機会を適宜設けることが大切である。考えの違いを捉えて，違いの中に同じを見いだしていく過程を入れるとよい。

　4年の乗除の演算決定の問題では，文を区切って提示しながらテープ図をかいていった。

> 1つの班に18枚ずつ折り紙を配ります。
> 7班に配ると，全部で何枚配りましたか。

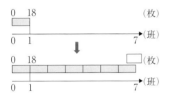

　そして「この図をみると，どんな式になるかな？」と問いかけた。

　すると，多くの子は図を動的なイメージで捉えて，$18 \times 7 = 128$という式をかいた。一方，数名の子がわり算を立式していた。$\square \div 7 = 18$という意見に対して，「あ〜！　確かに」と言った子と，「ん？」と首を傾げた子がいた。自分の考えと違いが明らかにあるときは，子どもたちが自然に考えを比較し始める。

　ここで注意したいのは，違いだけに着目している子と，違いの中にある同じに目を向けていこうとする子に分かれている。「どうしてわり算なの？」「わり算でもいいね」とかけ算との違いにだけ目を向けている子もいれば，「かけ算とわり算は逆の関係だからどっち

も同じ」と乗法の関係を捉えている子もいる。

　考えを比較して，関連付けて聞くためには，まずは端的に「何が違うか分かる？」「何が同じか分かる？」と問いかけて，表出させたい。

　この事例では，テープ図を元に「18から始めて7つ分，わり算は□を7つに分けている」「始まりが違う」「□の答えが出すためにはかけ算になる」と違いが明らかになった。次に，同じに着目させると「図が同じ」「かけ算とわり算は反対になっている仲間」「同じにも見えるけど問題文が変わるよ」と共通点を述べながら，差異を見いだした。そこで，わり算の式から問題を読みかえていった。

> 128枚の折り紙を7班に同じ数ずつ分けると，
> 1つの班は何枚になりますか。

　図と式を考える時間を取ると，こんどはわり算$128 \div 7 = 18$とかけ算の式$\boxed{18} \times 7 = 128$を両方の式をかいた子が増えた。問われている数（答え）を等式の右辺に表す必要があると思っている子がいるが，どちらの式もこの図や場面を表していることが，乗除の相互関係を理解するための鍵となる。

　小さな差異を大切にし，違いの中にある同じをつかませたい。統合的・発展的に考える土台や多様な考えからよさを明らかにする意識を高めることにつながる。

Ability to listen

図形をみる系統
「円の性質と対称性」

田中英海

1 「円の性質と対称性」を生かす子ども

　第5学年「正多角形と円」の教科書の導入では，折り紙を折り重ね，切って広げて正多角形をつくる。この時，はじめに折り紙に円をかかせる手順を入れたり，円形の折り紙を使ったりして，正多角形と円を意図的に関連付ける手立てがある。

　一方，本校算数部では正多角形を見たときに，子どもが自ら円を見いだしてほしいと考えている。正多角形は円に内接するため，頂点は円周上にある。正多角形の中心と各頂点を結ぶ直線は，円の半径である。そのため，三角形は合同な二等辺三角形になる。さらに正多角形は線対称な図形であり，正偶数角形は点対称な図形でもある。この作図の仕方は，中心角を等分した半径が対称の軸となり，対称の中心も見えやすい。そのため6年「線対称や点対称」の素地となる作図の仕方といえる。

　このような≪円の性質と対称性≫を自覚的に働かせていく「見方」へと成長させていくためには，低学年で，外形の中心や対称性をつかむ活動を大事にし，中学年では構成要素や構成要素の関係を捉えさせていく。そして，円の性質と対称性を見いだしながら，ある点からの等距離な点の集合と捉える「見方」へと高めていきたい。本稿では3年生の事例を示す。

2 「円の性質と対称性」を見いだす事例
（1）点からの等距離を見いだす

　円の導入で輪投げ大会の投げる位置と杭の位置を決める授業を行った。始めから大人数を設定するのではなく，1，2，3人と投げる人数を増やしながら，杭の位置を決めていった。投げる人が2人の時は，点イ・ウから

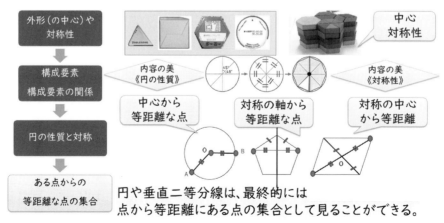

の等距離な位置に杭があればよいことに気付き，1人増えて3人になったときは，杭を中心として投げる人を等距離に動かしていた。

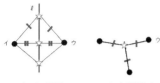

2点からの等距離
垂直二等分線上　　3点から等距離な点　全ての点から等距離の点が
　　　　　　　　中心から等距離な点　中心となり，円を捉える

円の外形を見いだすだけでなく，等距離な点を見いだしていく子どもの「みえ方」は，二等辺三角形の学習につながっていく。

（2）垂直二等分線に着目し，対称性を見いだす

　3年「三角形」では，「辺イウ4cm，辺アイ□cm，辺ウア□cmの二等辺三角形をかきましょう。」と辺の長さを自分で決めて作図する問題を提示した。辺アイと辺アウを3cm，辺アイ・辺アウ5cmの場合を，下のように同じ底辺イウに重ねて作図をした。

　すると2つの二等辺三角形を見て，子どもたちは，「中心を探せばいい」「頂点アが真ん中の線上にあれば二等辺三角形がいくつもかける」と作図をしていた。対称性から垂直二等分線を見いだしたことで，二等辺三角形の頂点アが垂直二等分線上にあるという一般性を捉え，その「見方」を自覚的に使おうと変容した姿といえる。一方，「僕の二等辺三角形は中心でかいていない」と発言した子がいた。その子は，辺イウを二等辺三角形の等辺の1つと捉えた。すると，「これにも中心は

あるよ」と点ウから辺イアへの垂直二等分線にあたる直線を見いだしていった。

　「このかき方でも二等辺三角形はたくさんかける」と，垂直二等分線を軸とした対称性に着目し，複数の二等辺三角形を作図できた。

（3）中心と半径に着目し，円の性質を見いだす

　次時，半径4cmの円の中心をつかった三角形のかき方を示し，「何種類の三角形がかけますか？」と投げかけた。自力解決に入ると，「無限にかける」「どうやっても二等辺二角形になる」と子どもたちはつぶやいた。いくつかの二等辺三角形をかいたことで，円の中心と半径の構成要素を活用した子どもの「みえ方」は，1つの円の半径はどこも等しい≪円の性質≫をつかみ，いつでも二等辺三角形になることを説明していった。さらに，「昨日の二等辺三角形とかき方が似ている」と発言があった。前時の二等辺三角形の「みえ方」を，≪円の性質≫という「見方」で捉え直し，関連付けようとした姿といえる。

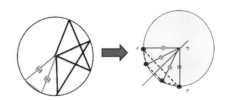

　これらの実践は，正多角形を見たときに円を見いだし，≪円の性質≫を自覚的な「見方」として働かせることにつながる。「円の性質と対称性」の学びの系統としてまとめた表は，連載pp.56-57に掲載する。

比べる場面における
「美意識」を育てる
学びの系統

青山尚司

---

1 比べる場面における2つの見方

　算数の学習において「比べる場面」は，学年・領域をまたがって多くの単元で見られる。低学年の「ながさくらべ」も，高学年の「割合」も，「そろっていたらいいのに」という子どもの心の働きを引き出し，比較を可能にするために，そろえ方を模索する共通点がある。比べる場面において働かせる「見方」は以下の2つである。

---

❶　条件をそろえることで直接比較をする

❷　基準を定めることで，その基準を1としたときにどれだけにあたるかで比較をする

　これらの見方を自覚的に働かせること自体が方法の美意識となり，その方法を汎用的に用いることで，単位や割合の有用性や性質を内容の美意識として獲得していくのである。

2 見方❶《条件をそろえる》学びの系統

（1）比例関係を用いて二量を操作する経験

　1年生の子どもたちは，「はしをそろえる」，「まっすぐに伸ばす」

など，条件をそろえることによって長さを比べる。このような，直接比較はあらゆる比べ方の基本である。また，5年生の子どもたちが混み具合を比べる場面でも，畳の枚数という条件をそろえることによって，人数を直接比較できるようにする。ただ，高学年の比べる場面では，低学年の「ながさくらべ」で端をそろえて反対側の端の位置で比べたり，「かさくらべ」で入れ物をそろえて液面の高さで比べたりといった，そのもの自体をそろえ

る物理的な見方ではなく，比例関係を用いて，2つの量のうちの一方をそろえる見方が必要になる。しかし，高学年で「単位量当たりの大きさ」を学習するまでに，比例関係を用いて二量を操作する経験が十分になされていないのではないだろうか。そこに問題があると考え，高学年の学習で見方❶を働かせることをねらった2つの実践を第4学年で行った（指導の実際は pp.58-59青山連載参照）。

　この2つの実践自体は，「比べる」ことを目的としている学びではない。しかし，ここで都合の良い組み合わせを見いだした経験は，高学年での比べる学びで生きて働く見方となるのである。

3 ≪基準を定める≫学びの系統（見方❷）

（1）連続量を意識した整数倍での比較

低学年の子どもたちは，共通の単位を設定し，それがいくつ分かを数値化して，長さや広さ，かさを比べる。これらの学びで子ども

は，「6個分」,「13杯」のように，分離量を整数で表現する。

この学びの先に，高学年の割合の学習があると考えたのが，見方❷の系統である。割合の学習では，全体を1と定めたときに，ある部分の大きさがどれだけにあたるのかを，連続量として小数や分数を用いて表現する必要がある。

基準や全体を1としたときの大きさを捉える，見方❷を軸とした学びの系統において，第4学年の整数倍での比較は，低学年の「いくつ分」と，高学年の「割合」を接続する役割があるといえる。そこで，ゴムの伸びを題材として，主に整数値で連続量を扱う実践を行った（指導の詳細は，次号青山連載ページでお伝えします）。

この実践で，最終的にすべての子どもがもとの長さを基準として，伸びた長さがどれだけにあたるかで比べる，見方❷に納得することができた。ただ，その前段階に，もとの長さをそろえる見方❶を働かせた比較が繰り返しなされている。そして複数のそろえ方をした結果，いつでも変わらない割合のよさに気付く子どもの姿が引き出されたのである。

もとの長さをそろえるのは，条件をそろえる見方❶であり，直接比較を可能にする方法である。それに対して，今回の実践で，子どもが最終的に，「Aは2倍伸びるゴム，Bは3倍伸びるゴム，Cは4倍伸びるゴム」という性質をまとめたように，基準を定める見方❷は，変わらない倍関係を表しているため，実はもとの長さをそろえなくても比べることができるというよさがある。

4 2つの軸の行き来から本質の理解へ

低学年でも高学年でも，比べる学びで最終的に獲得したい教科の本質は，汎用性のある見方❷かもしれない。しかし，子どもの「みえ方」を大切にして系統を考えると，より重視すべきは，何とかして直接比較を可能にしようとする心の働きであり，そろえる見方❶を，自覚的に働かせることであると考える。そして，その方法自体を繰り返し働かせることから，変わらない関係である見方❷を見いだすことができるのである。

見方❶の軸と見方❷の軸は，互いに関連し合い，補い合っている。2つの見方の軸を，自在に行き来することができるようになることは，自ずと教科の本質の理解につながっていくのである。

今後も実践を重ね，2つの見方の関連を考察しながら，系統を整理していきたい。

数のまとまりを作り変えることで，難しさを乗り越えていくわり算の授業

中田寿幸

---

1 商が2位数のわり算を考える

　1，2，3，6の4枚の数カードを使って2けたの数ができることを確認した。その後，

> 4枚のカードでできる2けたの数の中で，3でわり切れる数をさがせ！

と課題を提示した。既習の12，21が3でわり切れるのはすぐに出された。

　続けて「36÷3がわり切れそうだ」と多くの子が考えた。「十の位の3も一の位の6も3でわり切れるから」という理由である。ところが36は3の段のかけ算九九にはない。そして3の段の一番大きい3×9＝27をこえてしまうので「簡単にはいかない」ことを確かめた。

　ここで，36が3でわり切れるか，個人で確かめる時間をとった。

　36を30と6に分けて考える子が多かった。2年のとき，たし算・ひき算の学習で，2位数の計算のときに，十の位と一の位に分けて考えて，後で合わせて答えを出していくことを学んだ。大きな数の計算で難しいと思ったら分けて考えてみる方法である。それをわり算でも使おうというのである。

　36は30と6に分かれる。一の位の6÷3＝2はすぐに分かる。しかし，十の位の30÷3＝10をうまく説明できないでいた。

　説明がうまくできないときには物や図を使うとよい。これも今までに学習してきたことである。そこで，ブロックで説明する子が30を3個ずつに分けた。包含除で考えている。これで3が10個あることが分かるので30÷3＝10となった。こうして出てきた30÷3と6÷3の答えを合わせて36÷3の答えを出した。

　別の見方をした子がいた。その子は「3の段のかけ算九九のぎりぎり大きい3×9の27と残りの9に分けて考えた」と言う。位で分けるだけでなく，3でわり切れる数のまとまりに分ければよいという見方ができた。さらに，こちらの考え方はかけ算九九だけでできるというよさもある。

　ここで，等分除の考えでブロックを操作した子の発表があった。36個のブロックを3つに分けるだけなので，操作が簡単だった。包含除で考えるよりも「こっちの方が簡単だ」と声が出た。ここで，わり算には2つの意味があることを確かめた。

　私はこの場面，ブロックでの説明は等分除で行われると考えていた。操作が簡単で，イメージしやすい分け方だと思っていた。しかし，具体的な場面を設定していなかったため，包含除と等分除の2つの説明があり，考えを

共有するのに時間がかかってしまった。やはり具体的な場面設定が必要であったと感じた。

2　63は3でわり切れるか

次の時間は63÷3を考えた。3でわり切れる12と21は十の位と一の位を交換した数であり、両方ともわり切れた。だから36の十の位と一の位を交換した63も3でわり切れるのではないかと予想する子が多かったためである。

十の位の6も一の位の3も3でわり切れることを理由にしている子もいた。

ここで、個人で確かめる時間をとった。

36のときと同じように63を位で分けて、60と3にしている子が多かった。

ここで、60÷3がわり切れるかが問題になった。ブロックで考えれば、10のまとまりが6つあり、それを3つに分ければ20ずつに分けられる。このことから60÷3＝20と考えた。分けた60をさらに30と30に分ける子もいた。36のときに考えた30÷3＝10を使えばいいのである。

途中、4枚の数カードを使ってできる数を割り切れるかどうか端から確かめている子がいた。16÷3、13÷3、23÷3、26÷3、31÷3、32÷3である。前の4つはあまりのあるわり算での既習だが、残りの2つは31、32は3の段の九九の答えをこえているあまりのあるわり算である。31÷3は30÷3よりもわられる数

が1多い。その1は3でわり切れないからあまりになると説明があった。同様に32÷3は30÷3よりも2多いので、答えは10あまり2になる。答えが2位数になるあまりのあるわり算を理解していくことができた。

今回、1、2、3、6の数カードで2けたの数を作るようにしたため、商が2位数になるわり算を子どもが作り出し、答えを確かめていく流れで授業を組むことができた。

教科書ではわり切れるわり算を学習したあとに30÷3や63÷3のような計算に取り組んでいる。そして、そのあとにあまりのあるわり算というのがこれまでの流れである。「わり切れるか、わり切れないか」を子どもが考えていくために、商が2位数になるわり算をあまりのあるわり算のあとに位置づけた。

36をどういう数とみるか。位を分けているだけと考えて30と6とみているのか。それとも3×10＝30で6＝3×2とかけ算の形で見ているのか。30と6でなくても、27と9でもいいことが分かると、ちょうど30でなくても、3割り切れる数に分かれていれば、合わせた後も3でわり切れることがわかる。これにより、4年で学習する42÷3を40と2に分けて困ったままでなく、3で割り切れる数に分ければよいと考えていくことができるようになるのである。

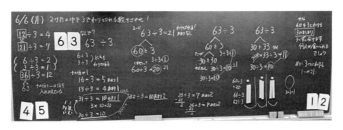

わり算の性質に関する学びの系統

——子どもの「みえ方」を基に考える

盛山隆雄

1 提案の内容

―わり算の性質についての問題意識―

　5年生では，小数でわる計算を学習するが，整数÷小数の計算の仕方を考えるときに，子どものミスコンセプション（誤概念）が多く現れる。

　例えば，96÷1.6の①のような計算の仕方がそうである。この間違いが起こる原因は，子どもからの聞き取りなどをもとに，整数×小数のときの計算の仕方に影響を受けていることがわかっている。整数×小数の計算では，②のようにかけ算の性質を用いて計算することができる。①は，整数÷小数の計算を，整数×小数と同じように計算しようとして起こった間違いなのである。

①
$$96 \div 1.6 = 0.6$$
$$\downarrow \times 10 \quad \uparrow \div 10$$
$$96 \div 16 = 6$$

②
$$80 \times 2.4 = 192$$
$$\downarrow \times 10 \quad \uparrow \div 10$$
$$80 \times 24 = 1920$$

　①の計算の仕方は，子どもにとって自然にみえてきた計算の仕方であり，これが子どもの「みえ方」と言える。

　子どもの「みえ方」とは，既習や日常生活の経験を基に，子どもが自然にイメージした解決の仕方や，事象の自然な捉え方のことを言っている。

　①のような「みえ方」が現れることを考えると，わり算の性質は，次のような③の性質だけでなく，④と⑤の性質も4年生の時に学習しておくべきではないかと考える。

③
$$a \div b = C \quad のとき，$$
$$(a \times m) \div (b \times m) = C$$
$$(a \div m) \div (b \div m) = C$$

④
$$a \div b = C \quad のとき，$$
$$(a \times m) \div b = C \times m$$
$$(a \div m) \div b = C \div m$$

⑤
$$a \div b = C \quad のとき，$$
$$a \div (b \times m) = C \div m$$
$$a \div (b \div m) = C \times m$$

　小学校学習指導要領解説算数編には，④や⑤のような性質は，「児童の実態に合わせて取り上げてもよい」と述べられている。

2 授業の内容

　次のような問題を出した。

「○個のいちごがとれました。このいちごを
何人かで等分します。」

　それから⑥の式を提示して，「2人で分け
たら1人分が48個でした。同じ数のいちごを
4人で分けたら1人分はいくつかな？」と問
うた。

⑥

$$\bigcirc \div 2 = 48$$
$$\bigcirc \div 4 = ?$$

　このとき，$48 \times 2 = 96$，$96 \div 4 = 24$と導く
子どもがいた。しかし，わる数が2倍になっ
たから，商を$\frac{1}{2}$にすると考える子どもも現れ
た。この方が簡単に求めることができる。

「なぜわる数が2倍になると，商は$\frac{1}{2}$になる
のかな？」

と問うと，次のように話す子どもがいた。日
常生活の経験を基に語っていた。

「2人で分けるのが4人になるんだから，1
人分が半分になるのは当たり前じゃん。」

この話にうなずく子どもが多くいた。その他
には，図を用いて説明する子どももいた。

　図⑦のようにテープ図等を用いれば，分ける
人数が2倍になれば1人分の個数は$\frac{1}{2}$になる
ことを説明することができた。

⑦
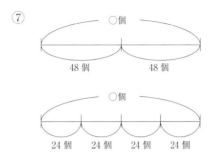

　本授業の前に，わられる数が2倍になった
ときの商の変化について学んでいた。わられ
る数が2倍になると，商も2倍になる。その
既習があったために，本時の問題も○÷2＝
48，○÷4＝96と商を2倍にしてしまった子
どもがいた。

　しかし，意味を基に考えてみると自分で修
正することができた。式だけ見て考えるので
はなく，問題場面に戻って意味を基に考える
と簡単にわかるのである。子どもが言ってい
た「当たり前じゃん」という日常生活の経験
と関連づけることが大切なのだと思う。

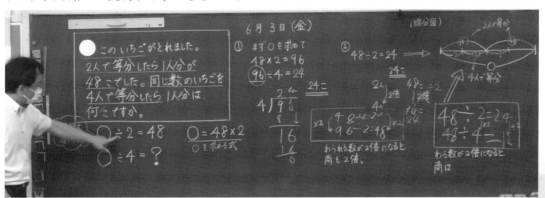

5年「三角形の内角の和」 確かな既習と「みえ方」の 変容で算数授業をつくる

――合同・平行線を既習として

大野　桂

■みえ方1　角の大きさを知っている三角形

　確かな既習に根差した，子どもの「みえ方」の変容に重点を置き，5年「三角形の内角の和」の提案授業を行った。

　まずは「みえ方」を引き出すために，漠然とした課題を提示した。

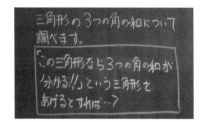

　子ども達からは，すでに角の大きさを知っている三角形である正三角形と三角定規にある2種類の直角三角形がすぐに上がった。

　そして，計算により，どれも内角の和は180°であることを明らかにした。

■みえ方2　合同な直角三角形の組み合わせ

　ここで，「みえ方」の変容を促すべく，「これらの三角形は角の大きさが分かっていないと，180°とは説明できないの？」と問いかけてみた。

　すると，「その直角三角形と合同な三角形を組み合わせて長方形を作り，長方形の1つの角は90°だから……」という，合同な三角形の組み合わせるというみえ方が表出した。

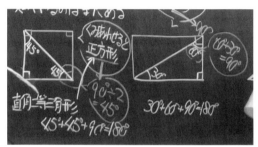

■みえ方3　合同な三角形を組み合わせると 平行四辺形

　三角形の組み合わせる話の流れから，「直角三角形の組み合わせ方はまだある」といい，平行四辺形が構成されることに「みえ方」が変容していった。

　ここで，「組み合わせて，平行四辺形ができたとして，3つの角の和は分かるの？」と問うてみた。すると，子どもたちは混沌とした状態になるが，「同位角で分かるかも」というアイデアが出て，1時間目は終了となった。

■みえ方4　長方形に組み合わせれば180°　と説明できる

「合同な直角三角形を組み合わせて平行四辺形にしたとしても，3つの角の和は分からなそう……，でも長方形に組み合わせれば求められる！」といい，以下のように，角の大きさを○や△といった記号に置き換え，長方形の1つの角が90°であるという自明のことから，180°となることを説明していった。

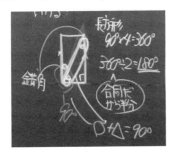

■みえ方5　平行四辺形でも同位角を使えば

ここで，平行四辺形に組み合わせた場合でも，直角三角形の内角の和が180°であることを説明できるかの話に移行していった。すると，前時の話の「同位角が使えるかも」が持ち出され，同位角が書き込まれた。

それをきっかけに，合同な直角三角形を平行四辺形の形に組み合わせても，同位角・対頂角，1直線は180°を使うことで，内角の和が180°であることを説明していった。

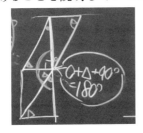

■みえ方6　どんな三角形でも組み合わせれば平行四辺形

すると，合同の学習の「合同な三角形を組み合わせると平行四辺形ができる」が想起された。そして，下の板書のように，「すべての三角形の3つの角の和は180°」を明らかにしていった。

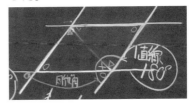

■みえ方7　どんな三角形でも組み合わせれば平行四辺形

平行四辺形で内角の和が180°説明できたのは，平行線があることで同位角や対頂角，1直線で180°が使えるということに気づいた子供たちは，平行四辺形にしなくても，「平行線を引けばいい」ということを見出し，板書のように説明していった。

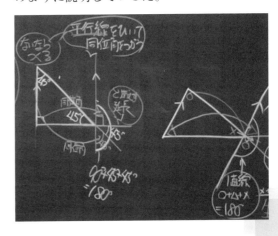

個人授業提案　6年

6年
「点対称な図形
〜円の面積〜」

森本隆史

◆円の見え方と対称性

第5学年で合同について学んだ子どもたちが，第6学年になったとき，新しい視点で図形を見ることができるようにしていきたい。

対称な図形というのは，合同な図形が特別な位置関係にある場合だということができる。線対称の場合は，対称の軸を境にして合同な図形があり，点対称の場合は，対称の中心Oを中心として合同な図形を180°回転させたものとして捉えることができる。また，面積について考えてみると，線対称な図形は対称の軸で面積が二等分される。点対称な図形においても，対称の中心を通る直線を引くと面積が二等分されるという性質がある。この直線で切られた図形は対称の中心で180°回転させ

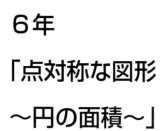

るとぴったりはまるからである。線対称な図形を見たとき，子どもたちは対称の軸で面積が二等分されることにはすぐに気が付くが，

点対称な図形を見たとき対称の中心を通る直線がないと子どもたちには面積を二等分する直線はなかなか見えてこない。

円が線対称な図形であり，点対称な図形であるということを子どもたちは理解している。しかし，同じ円を2つ並べたとき，線対称と見る見方の方が強くなると考えている。そこで，円の面積について考えることを通して，子どもたちの図形を見る見方を拡げていきたいと考えた。

◆提案授業について

はじめに「面積を半分にする直線を引こう」と板書して，子どもたちに1つの円を示した。円の面積を二等分する直線が無限に引けること，その直線が円の中心を通ることはすぐにわかった。「円の中心は対称の中心でもある」と言った子どももいた。

次に半径が同じ2つの円を並べて「面積を二等分する直線を引いてみよう」と子どもたちに尋ねた。このように尋ねると，子どもたちははじめ

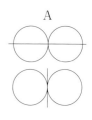

に上図Aのように直線を引いた。線対称な図形が見えやすいからである。この場合の直線は対称の軸ということができる。Aの上図のような直線を引いた子どもの中には，それぞれの円の直径をつなげていると見た子どももいた。

ここで，「他にもある」「無限に引ける」という声が聞え始めた。

　2つの円が接している
ところを「対称の中心」
とみれば，面積を半分に
する直線は無限に引ける
という意見が出てきた。

　この場面で少し時間を
とり，周りの子どもたち
で話し合わせた。

　その後，対称の中心を
通る直線で2つの円を切
って，面積が等しいことも確かめた。

　日頃から，算数の授業では発展的に考える
ことを大切にしてきた。ここで子どもたちに，
「次はどんなことを考えてみようか」と尋ね
てみると，「円が3つの場合について考えた
い」「2つ円の大きさがちがう場合もおもし
ろそう」などの意見が出てきた。

　そこで，同じ大きさ
の円3つが右図のよう
に接している図を子ど
もたちに示した。この

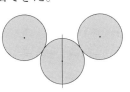

場合も面積を半分にする直線を引こうとすれ
ば，真ん中に直線を引きたくなるのではない

かと考えていた。子どもたちは実際に真ん中
の円の中心を通る直線をたくさん引いていた。
外側の2つの円にあたらなければ無限に引け
るということがわかった。

　その後，3つの円を「2つと1つに分けて
考える」という見方・考え方が2つ出てきた。

<u>(1) (左，中) と (右) に分ける</u>

　この場合，右の「円
の中心」と左と中の2
つの円が接していると

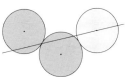

ころを「対称の中心」と見て，その2点を通
る直線を引くと，面積を二等分できる。

<u>(2) (左，右) と (中) に分ける</u>

　左と右の2つの円
を1つの図形と見れ
ば，左と右の円のそ

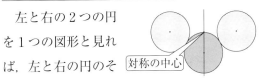

れぞれの円の中心を結んだちょうど真ん中に
あたる点が「対称の中心」と見ることができ
る。そして，中の「円の中心」と「対称の中
心」を結ぶと面積を半分にすることができる
という見方・考え方も出てきた。

　円の面積を二等分することで，子どもたち
の見方は拡がっていったと言える。

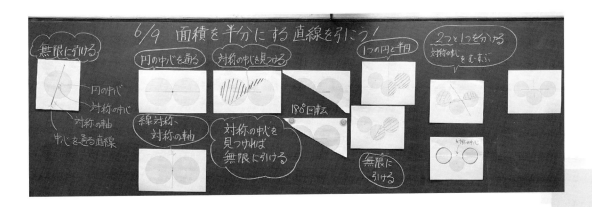

6年「対称な図形」

対称な図形において，
合同な2つの形と
その関係が見える指導を考える

夏坂哲志

---

1 対称な図形の位置づけ

　線対称な図形にも点対称な図形にも，合同な形が2つ見える。

　線対称な図形の場合，対称の軸によって分けられる2つの図形は合同である。線対称な図形は，「ある形」を，対称の軸を中心として空間を180°回転させて並べた形だからである。つまり，もととする「ある形」を裏返した形が2つ並んでいると見ることができる。そして，対応する点から対称の軸までの距離は等しくなっている。

　一方，点対称な図形は，対称の中心を通る直線で分けると，2つの合同な形に分けることができる。「ある形」を，対称の中心を軸として同一平面上を180°回転させた形が，点対称な形だからである。この場合は，もとの「ある形」は裏返らない。そして，対応する点をつなぐ直線は，全て対称の中心を通り，点から対称の中心までの距離は等しくなっている。

　対称な図形がバランスよく見えるのは，合同な形が，ある直線や点から等距離の位置に置かれているからである。だから，2つの合同な形や，対称の軸・対称の中心とそこからの距離に目が向くように指導していきたいと考える。

　たとえば，下の⑦〜㋑の形を対称という観点で見てみる。すると，⑦と㋑は線対称，㋒と㋓は点対称で，㋔はそのどちらでもない。

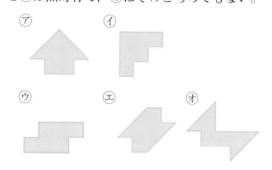

　共通点が無いように見えるが，どの形も，⑦を縦に半分にした形（右図）の組み合わせである。つまり，それぞれの形を1本の直線で分けると，2つの合同な形に分けることができ，その形は⑦〜㋔のどれも全て同じ形になるという点で共通している。

　では，⑦・㋑と㋒・㋓と㋔は何が違うのだろうか。また，⑦と㋑の共通点，㋒と㋓の共通点は何だろうか。このような視点で考察することが，対称な図形の作図方法を考えるときにも生きてくるはずである。

　1つの図形の中に他の図形を見ていこうと心を働かせることによって，図形の見方はより豊かになる。そのような活動を，低学年からカリキュラムに位置づけていく必要がある。

② 授業の実際

（1）6種類の形を2つの仲間に分ける

はじめに，次の6種類の形を見せた。

そして，子ども達を全員起立させ，次のように言う。

「この形を，4年生が仲間分けしました。1枚ずつ黒板に貼っていくので，分けた理由がわかったら座りましょう。」

〔Aグループ〕　　　〔Bグループ〕

ここまで貼り終わったとき，まだ全部を貼っていないのに，クラスのほぼ全員が着席した。その様子を横目で確認しながら，〔Aグループ〕に右図の1枚を加えた。

すると，一度座った一番前の女の子が，ゆっくりと再び立ち上がろうとした。

「分けた理由がわからなくなったら，もう一度立ってもいいんだよ」と言うと，他の子も次々と立っていく。

（2）座った理由をたずねる

AとBのグループに2枚ずつ貼った段階では，ほとんどの子が座った。つまり，2枚ずつのときには，分けた理由が予想できたということだ。その理由をたずねてみる。

すると，「Aは鏡に映したような形」「Bは回転させたときに重なる形」だと思ったとい

う説明をする。つまり，Aは線対称，Bは点対称であると，多くの子が捉えていたということである。

気づいたことを説明する中で，「どの形にも同じ形が見える」と言う子がいた。同じように見ていた子も多い。

右図の矢印のような形が2つ見えるというのだ。6種類の形は，全てこれを組み合わせたもので，その組み合わせ方を言葉で表すと，「ぱたん」「スライド」「回転」の3つになると整理していった。

〔Aグループ〕

　　ぱたん　　　　　スライド

〔Bグループ〕

回転（左の2つは180度，一番右は90度）

（3）半分の形2枚で作ってみよう

最後に，この6種類の形を，半分の矢印の形を組み合わせてつくることにする。板書用の矢印の形は，片面が黄色の工作用紙。裏は灰色なので下図のようになる。これを見て，子どもは新たな発見をしたようである。

〔Aグループ〕

〔Bグループ〕

微塵も妥協しない協議が
授業の質を高める

西宮支部

久保田健祐 (西宮市立鳴尾東小学校)

❶ 活動の概要

　本会は，互いに授業を提案し，教科の本質について語り合うことを主な活動としている。メンバーは，西宮市の先生だけでなく神戸市，尼崎市，豊岡市，大阪府吹田市の先生方と，多地域にわたる。気の知れた仲間だからこそ，協議会は互いに微塵も妥協しない。そこが大変面白い。第1回研究会に向けた事前検討会でも，大変白熱した議論が交わされた。

　第1回研究会は，筑波大学附属小学校の夏坂哲志先生にご参加いただいた。その内容を以下に紹介する。

❷ 第1回研究会（2022年6月26日）

　2本の授業動画提案について協議を行った。授業内容と提案者は以下の通り。

> ① 6年生「分数÷分数」（盛佑輔先生）
>
> ② 1年生「なんばんめ」（内田英樹先生）

　それぞれの提案において，授業動画提案（30分），協議会（50分）を行った。

❸ 授業提案の内容

　盛先生の提案は，分数の除法を考える際，既習の「計算の仕方を考察する経験」をこの場面に繋げるというものであった。さらには，$\div \frac{1}{5}$と$\times 5$は同じかという子供から生まれた問いをもとに，課題を焦点化していった。結果，小数に直す考え方，かけ算に直す考え方等多くの考え方が表出した。また，既習をもとに批判的思考を働かせ，計算の仕方の妥当性について追及する子供達の姿が見られた。

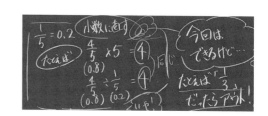

　内田先生の提案は，スライドを瞬時に提示することで，「なんばんめ」であるかの見方・考え方を引き出すというものであった。ねらい通り「前から」という基準を表す言葉，「真ん中」や「はし」などの位置を表す言葉が次々と表出されていった。さらには，マンションの絵から，2次元的に見る見方や考え方が引き出されていった。これは，4年生の「ものの位置」へと今後も繋がる見方・考え方である。

　今回提案した2人の先生には，本会の意義

と協議会についてまとめてもらっている。

「支部研究会の良さ」　内田英樹

　支部研究会の良さは，２つある。１つ目は少人数で教材や授業について話し合えることである。教材提示の仕方やタイミング，展開の仕方について少人数で話し合うことで議論を深めることができた。少人数であるからこそ，一人ひとりが授業への質問や意見を出しやすく，場面を絞った話し合いをすることで深め合うことができた。２つ目は，事前検討会ができることである。

　今回の研究会に向けて事前に支部メンバーで検討会を行ったことも効果的であった。事前に授業に関して考えや意見を交流したことで，授業者の思いや主張を把握した上で当日の授業ビデオを見ることができた。当日の勉強会の中で授業ビデオを見合うことで１つの授業に対して，意見を出し合うことで深く学べることができた。このように，支部を設立し少人数で取り組むからこそ深く学べたことと，事前に検討会を持つことでさらに深い研究会にできたことが本会の意義であると考える。このような支部研究会を継続して行うことが，それぞれの支部での算数授業研究を深め，教師の授業力を高めると強く感じた。

「学習会で見えた“観”の共通性」盛佑輔

　私は，「児童が既習を生かして主体的に計算方法を考察する単元デザイン」をテーマとした。正直，わかりづらい点も多かったのではないかと反省している。しかし，夏坂先生

や支部メンバーからは，授業者の意図やねらいを最大限に汲み取りながらも，忌憚なく指摘し，代案を示していただいた。とても有意義な研究会であった。

　しかし，支部を発足して３ヶ月で，これだけ議論できたことに良い意味で驚かされた。なぜ，支部研究会が成立したのか。それは，私たちにはいくつか共有しているものがある。「良い算数授業とは」と問われたら，教師の「観」によっては180°違う回答が聞こえてきそうであるが，私たちは少なくとも方向性が合致している。それは，私たちが，「算数授業研究」の愛読者であり，「算数授業研究」に学び，「算数授業研究」を通して目の前の子どもたちと愉しい授業を創っていきたいと考えているからだ。児童が既習を生かしながら考察する展開に，価値を見出し，その上で手厳しい意見をいただける仲間なのだ。支部研究会で，今後も切磋琢磨していきたい。

　本会後のメンバーの感想を一部紹介する。“授業を踏み出す一歩目は明確に教師が示すことが大切だと学んだ。その上でどういった仕掛けをして子どもの声を引き出すか，教師が教える部分はどこかを考えていきたい。”“子どもの素直な気づきや言葉をどのように引き出し，数学的なものへと高めていくのか，授業づくりの視点を考える時間となった。”

④　今後の活動

　授業を通して語ることを今後も地道に継続していきたい。また，他支部の先生方とも繋がり，学習会を共催すること，そして授業について語り合うことが今後の楽しみである。

問題集を活用した授業

―item（アイテム）算数の「授業で分かる」を用いて―

大野桂

　筑波大学附属小学校算数研究部は，執筆・編集を行っている問題集「item（アイテム）算数」（教育開発出版）を出版している。問題集に掲載されている問題は，教科書では触れられない，思考力を高める良問が満載である。

　「item（アイテム）算数」の中には，下に示したような「じゅぎょうでわかる」というページがある。「じゅぎょうでわかる」に示されている問題は，我々算数部員が，実際に子どもたち相手に授業をしたものである。思考力が高たかまることを我々も実感しており，

全国の子ども達に経験してもらい，厳選した問題を，生の授業形式で掲載している。

　このまま子ども達にさせてみてもよいが，授業の中で，子どもと一緒に1問ずつ取り組み，解決方法や考え方を発表させながら，そこで表出する数学的な見方・考え方を価値づけて，進めてくことがいいだろう。

　下の「じゅぎょうでわかる」は，1年「100までの数」の内容であるが，位に着目する力がつくので，是非，取り組ませたい問題である。

![じゅぎょうでわかる！のワークシート2ページ分]

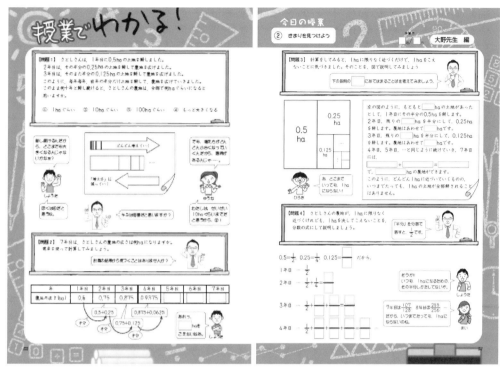

　上に示したものは，「item（アイテム）算数　6年」に掲載されている「授業でわかる」の問題である。

　小学校算数の学習範囲外である「極限の考え」を扱った問題である。「永遠に足し続けるにも関わらず，数の和は発散することなく，1に収束していく」という子どもにとっては，経験したことのない，不思議さを感じる問題である。難しいと感じるかもしれないが，実は，イメージすることが豊かな小学生だからこそ扱いたい問題であるし，問題の順にしたがって取り組んでいけば，確実に理解ができる構成となっている。しかも，この「授業でわかる」は「item（アイテム）算数」のホームページ（https://www.next-edu.or.jp/item/）に，次の画面に示すような解説動画（item算数採択校のみ視聴可）も掲載されている。

　ぜひ，子ども達と見ながら学びを深めていただきたいと思う。

「item 算数」に興味を持たれた方は，下記のQR」コードより，見本を取り寄せることができます。是非どうぞ。

デジタルだからできる！　を有効に活用

荒川区立第一日暮里小学校　白井一之

1 デジタルのよさ

　令和2年度は忘れもしない年になった。学習指導要領全面実施の年，GIGAスクールで一人一台の端末が入った年，そしてコロナ禍スタートの年。学校は臨時休校。一人一台の端末はオンライン授業の道具になり，算数は授業時間の関係でコンテンツベースの授業を余儀なくされた。

　ようやく算数は資質・能力ベースの授業を考えられるようになり，一人一台の端末も授業で有効に活用できるようになった。

　ここで改めて，デジタルのよさを考えたい。

①デジタルなので，写真データやスクリーンショット，文字データ，計算データ等が保存できる。

②児童機や先生機がネットワークでつながっているので，ワークシートなどの配布や回収がデジタル上でできる。また，電子黒板等に児童機や先生機の画面を投影することができる。

③Wi-Fi等でブラウザやクラウドに接続できるので，デジタルコンテンツやプログラミングアプリが使える。

④デジタル教科書やデジタルドリルというソフトができたので，タブレット上で教科書を開いたり，正誤判定までできるドリルを使ったりすることができる。

　これらデジタルのよさを生かすことで，これまで算数の授業で難しかったことや不可能だったことが実現可能になる。

　例えば，デジタルワークシートを配布することで，机間巡視をして子供の考えを拾わなくても，先生機から一覧できるので発表計画も立てやすくなる。電子黒板などのICT機器を一体的に使えば，発表ボードに改めて書かせなくても提示することができる。

　デジタルコンテンツを使えば，コンパスの使い方や平行線のひき方などの作図も動画で子供一人一人が見られる。しかも左利き用動画まで用意してある。

　習熟の時間も，デジタルは正誤判定までしてくれるので九九を先生に聞いてもらうために列ができてしまうこともない。子供たち一人一人が自分のペースで進められるので，先生は個別指導ができる。

　ただ，デジタルは道具なので，算数授業の本質が変わるわけもなく，よい授業をしようとするなら，これまで同様に教材研究が必要である。あとは道具としてのデジタルをいかの効果的に使うかを考えたい。

2 デジタルの弱点

　6年「比と比の値」1時間目の授業。

指導者用デジタル教科書をポップアップし，問題場面を電子黒板に提示。電子黒板に提示することで，子供の注目を集めることができるので問題場面を共有することが容易になる。

小さじ2杯と3杯の割合を2：3ということや「比」の用語について指導した。ここで割合について振り返らせ「全体を1とみたときの数であること」「小数や分数，百分率で表せる」ことなどを引き出した。

次に，みかさんとけんさんは2人分，3人分を作るのに小さじで2：3を2回，3回と繰り返して作った場面を電子黒板に映して確認。そのとき，みかさんは4：6，けんさんは6：9で表されること，味が同じになることを確認し，めあてを示した。

「同じ味なら，ウスターソースとケチャップの量の割合も同じになることを説明しよう。」

めあてをノートに書かせた後，タブレットを開かせ，クラウド版学習者用デジタル教科書の一部をポップアップさせ，ワークシート代わりに使った。デジタルワークシートだと

自由に書き込みができるので紙に書かせるよりも試行錯誤がしやすく，自分の考えを消しては書き直す様子が見られた。自分の考えがまとまった子供にはその画面をスクリーンショットで保存させ，ノートに書き写させた。

話し合いの時間。先生機から児童機の画面が一覧できるので発表計画も立てやすい。児童機を電子黒板に映し話し合いをする計画。

ところが，ここでWi-Fiの通信障害。先生機はもちろん児童機からもデジタル教科書画面が消えた。再起動で何とかしようとするが見込みがないので，デジタルの使用は断念した。ここにデジタルの弱点がある。デジタルありきで授業をしようとすると，教師は何とか復旧させようと躍起になり，時間は過ぎていく。こんなときはさっさとデジタルをあきらめることが大切である。

デジタルを使っても板書やノートはこれまでと同じように書くようにしているので，あとはデジタルなしで授業を展開していった。

3 おわりに

ジャムボードやロイロノートを使った実践も増えてきた。一方で板書もなしノートもなし，すべてデジタルでという実践もある。算数授業の本質を考えたとき，デジタルが有効な場面，アナログが有効な場面を十分に見極め，令和の算数授業を追究したい。

おもしろ問題

数カードで筆算の構造をつかむ ～3年「4けたのたし算とひき算」～

岩手県一関市立山目小学校　横沢　大

1 数カードのよさ

子ども達の机の中に，数カードを入れさせている。数カードには，次のようなよさがある。

① 試行錯誤がしやすい

② 問題づくりに楽しんで取り組める

③ 規則性や構造が見えてくる

③につながるように授業が進むと，子どもも教師も楽しめる授業になると感じている。

2 （4けた）＋（4けた）の筆算

右の枠を提示し，問題づくりをする。計算するうちに，「繰り上がりがあるなあ……」と子ども達はつぶやき始めた。

0～9の数カードを入れて，筆算を作りましょう。

そこで，繰り上がりのない筆算を作ることにした。作った筆算を並べると，「0を使っている人が多い」と話す子がいた。繰り上がりを作らないために，一番小さい数の0を使うからだ。そこで，「0を使わずに，繰り上がりのない筆算はできるかな」と投げかけた。やってみると，「答えが9999だ！」と盛り上がる。

出来上がった筆算をよく見ると，「それぞれの位の数が，9になる数のペアになっている」と話す子ども達。シンプルな問題だが，子ども達のつぶやきに寄り添いながら進めると楽しい授業になる。

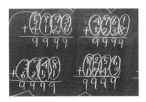

3 構造のおもしろさに気づく

右の問題を見せ，問題を作らせていく中で，「答えが一番小さくなる筆算はどれかな」と聞いた。20－13＝7が最小であることを確かめる。

0～3の数カードを入れて，筆算を作りましょう。

次に，百の位も加えて3けたの筆算をつくる。ポイントは，十の位の数。

「引かれる数の十の位に0を入れるといい。」

0～5の数カードを入れて，筆算を作りましょう。

「引く数を5にすると繰り下がりが大きくなる」と，子どもの言葉を板書していく。301－254＝47が最小の答えである。

ここまでくると，子ども達はもう次の問題を予想している。「百の位は0と7」「十の位も一の位も繰り下がりを作ろう」と，答えを最小にするコツをつかんで問題を作っていく。

0～7の数カードを入れて，筆算を作りましょう。

やっていくうちに，子どもが自ら問題の構造をつかんでいく。楽しみながら筆算に親しむことができるおもしろ問題だ。

SPOT-01
何でも大きい北海道
── 十勝が丘公園　花時計「ハナック」

北海道士幌町立士幌小学校　湯藤浩二

　北海道と言えば，とにかく広く，大きい。そんなイメージが多くの人に浮かぶだろう。

　何でも大きい北海道。観光地にも大きさを売り物にしたものが多い。十勝平野の北部にある音更町には，10.1 ha の敷地をもつ十勝が丘公園がある。とにかく大きな敷地内には足湯や遊具，広大な広場もあるのだが，目玉は花時計「ハナック」。

　かつてはその大きさがギネスブックにも掲載されていたハナックは，花壇面積が800 m^2。その中に約20000株の花苗に囲まれた直径18 m の文字盤をもつ花時計が設置されている。さすが北海道。規模がちがう。

　当たり前だが，どんな時計も秒針は同じ時間で一周する。大きなハナックでも小さな腕時計でも，秒針が一周すると同じ1分。

　大きさによってちがうのが，秒針の進む速度。ハナックの秒針は中心から7.8 m の長さ。秒針の先の1分あたりの移動距離は（7.8×2）m ×3.14で分速は約50 m。これを時速に直すと約3 km。これは，私たちが歩くよりやや遅い速度である。ただ，実際に見てみると速く感じるのが不思議。円周上をぐるぐると回るからであろうか。

　世界でも希少なモール温泉で有名な十勝川温泉に隣接したこの公園。ぜひ訪れて北海道の大きさを体感していただきたい。

SPOT-02
日本最西端の島 与那国島へめんそ〜れ！
「拡大・縮小」「角度」

沖縄県那覇市立那覇小学校　新城喬之

　与那国島といえば，日本最西端の島であり，その中でも西端にある岬が「西崎（いりざき）」である。西崎は北緯24度26分58秒東経122度56分01秒の位置にあり，年に数回ではあるが，天気のよい日には外国が見える。ご存知「台湾」。その距離は約111 km。実は，2019年6月に国土地理院が同地形図を改訂し，正確な日本の最西端の地点は，「トゥイシ」と呼ばれる岩（北緯24度27分05秒，東経122度55分57秒）になった。トゥイシと西崎は北緯だけで比較するとわずか「7秒」の差である。トゥイシは西崎から約260 m 北北西沖の場所に位置し，距離で考える意外と離れていることに驚く。最西端の場所が変わった理由は，2016年に与那国島に自衛隊の駐屯地が設置されたことから，地形図の更新の必要が生じ，調査した結果，この岩が大潮の満潮時も水面上にある水上岩であることが確認されたためである。以前も5千分の1の地図や海図では記載されていたが，2万5千分の1の地形図に初めて記載された。普段，地形図の縮尺などを気にしたことはない。また，拡大されたり縮小されたりすることによって「見えるもの，見えないもがある」ことを意識したこともない。しかし，日本の最西端の場所を決めるのに様々な「数」が使われ，その数の見方が変わることによって日本の最西端が変わったのである。ぜひ，与那国島を訪れ，他の算数スポットを発見してほしい。

　その話をつまみに，一緒に泡盛を飲みましょう。

4年生　図を使って考えよう「100円はどこに行った？」

長崎国際大学　**浦郷　淳**

1 子どもの素朴な言葉を生かす

　ある小学校で飛び込みの授業をさせて頂いた。14名の子どもとの授業を行うにあたって，子どもたちの言葉に付き合って授業を進めようと考えていた。飛び込みの授業であるから，子どももどこか引き気味で授業に臨むのはわかっている。子どもが発する素朴な言葉が対話を生み，授業が楽しいものになると考えていたからである。

2 状況を示す中で，子どもの言葉を引き出していく

　授業冒頭，まず，問題の状況を右のような絵で示し，子どもに見えているものを答えさせていった。「ノートが6冊」「お茶がある」「100円」予想通りの言葉

が返ってくる。次に，これを黒板に「ノートが6冊あります。お茶が1本100円です。」と子どもと一緒に書く。書き終わるのと同時に，「じゃあ解いてみて」と問うた。子どもたちは「えっ？」とした表情を浮かべながら「これじゃあ解けない。」と答える。そこで，「そうだったそうだった」と言いながら，940円のカードを子どもたちに示すと，それでも「まだ駄目」という言葉が返ってくる。「940円が何の数かわからない。」という。「何の数だろうね？」とさらに問うと「あわせてだと思うよ。」という意見が大半を占めていたので，「あわせて940円です。」と示す。「これだったら解けるでしょう。」と聞くと，それでも「まだ駄目」という言葉が返ってくる。「問いがない。」と言うのである。そして「ノート1さつ分の値段がわからない」という子どもの言葉で問題文が完成した。

　一連の流れは，板書で示すと右の写真程度のことであり，時間にして10分もない。しかし，子ど

もの色々な言葉が出て，本時考える問題が導き出された。状況から考えることで，子どもが「思ったことを発言できる」と思える素地指導となった。

3 素朴な言葉で図に戻る

　本時考える問題を子どもたちの言葉で作った後，その情報を整理し，式化する場面となった。940円から100円引いて840円になるという図を子どもたちは全体で共有していたことから，多くの子が「840÷6＝140」という式を書いており，早く終わった子が書いた黒板にもそのような答えが並んでいた。それを眺めていたある男の子が，「おい100円がない。100円はどこに行った？」と呟いた。式の中にお茶の代金100円がないということに気付いて発した素朴な疑問であった。多くの子どもは940円から100円引いて840円を黒板上の図で見ているので，それを元にノート1冊の値段を求めていた。しかし，「100円はどこに行った？」と発した子は，文章と式を比べて考えていたのである。この「100円」が何処にいったのかを取り上げ，他の子に説明をさせると，図に戻って説明する姿が見られた。そして「確かに式にも940－100がいるね」という立式の不備にも気づくことができた場面となった。

　図を説明するために使って考える。まさに目的に応じた活用ができた場面であった。

※本稿は，全国算数授業研究会 月報第281号（令和3年12月発行）に掲載された事例です。
※転載元の月報電子版では，会のメンバーによる実践への「こえ」も掲載されています。

Monthly report

5年生　体積「どの箱で送ろうかな」

佐賀大学教育学部附属小学校　**北島光浩**

1 同じ60サイズだけど……？

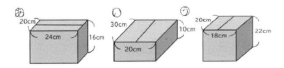

　「宅急便で60サイズの箱にお菓子を入れて送る」という状況とともに3種類の60サイズの箱を提示した。60サイズというのは，宅急便の規格で縦と横と高さの長さの和が60 cm 以内のものである。教師が「どの箱で送ればいいかな」と呟くと，児童は，「大きいもの」「どれも同じだよ」「いや違うよ。大きいのは……」と話し始めた。教師が「大きいものって？」と問い返すと，児童は「体積が大きいもの！」と答え，日常の生活の事象を算数の問題へとしていった。箱が直方体であることから，公式を用いて計算をしていくと，⑤の箱が最も体積が大きいことが明らかになり，箱の辺の長さと体積には依存関係がないことを共有した。

2 体積は，⑤の箱が一番大きかったけれど……

　教師が「よし，⑤の箱で送ろう」と言いながら，1辺が4 cm の立方体のお菓子を提示すると，「えっ，違うかも」という声が聞か

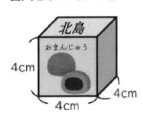

れた。箱とお菓子の辺の長さに着目した児童の発言である。体積は⑤の箱が最も大きいが，1辺が4 cm の立方体のお菓子を送るとなると，⑤の箱が一番たくさん送れる箱ではないのかもしれないという問いをもっていた。そこから，「どの箱がおかしを一番多くおくれるのかな」という問題を児童とともにつくった。

3 操作をしながら，考える。

　「できるだけしきつめて……」という児童の呟きに対して「どういうこと？」と問い返すと，児童は，実際に4 cm の箱の図を並べていった。黒板には，実際に同じ大きさの箱とお菓子の図を掲示し，操作ができる環境を用意しておいたのだ。操作活動を行うと，箱にお菓子を詰めていくとはどのようなことなのかということのイメージをもてる。操作をしていた児童が「あれ？」と言いながら手を止めた。⑦の箱には隙間ができることに気付いたのである。単に体積を使って計算するのではなく，箱にお菓子を詰めていくという操作を踏まえて幾つ入るのかを考えていくことが，解決の糸口になる。

　各自が解決に向けて考えていく時間，「やっぱり，⑦の箱で送る」という児童に説明をするため，実際に図を敷き詰めていきながら考えを伝え合う姿も見られた。操作をしながら考えていくと解決の手助けになるだけでなく相手に考えを伝える際にも役に立つという操作活動のよさを感じている姿ともいえる。

　「結果」として，あの箱が一番たくさん入る箱であることが明らかになった。最後に，教師が「60サイズでは，あの箱が一番お菓子を送ることができるんだね」と児童に尋ねた。すると，「はい」という児童が多くいる中，「いや，違うかも……ほかにもあります。一辺が20だったら……」という発言が聞かれた。このようにして新たな問いを見いだすきっかけを作ることで，子どもたちは新たな学びへと向かっていった。

Monthly report

※本稿は，全国算数授業研究会 月報第281号（令和4年1月発行）に掲載された事例です。

算数×子どもと創る 数をどる教師と

円の性質と対称性の学びの系統

5年 合同な図形の作図を通して

連載◇第7回

田中英海

1 どんな図形なら，簡単にかけるか？

本稿では，特集2で取り上げた「円の性質と対称性」の学びの系統の5年生「正多角形と円」に繋げる「合同な図形」の事例である。

内容の美	≪外形の中心や対称性≫		方法の美
第1学年	形の分類：角のある箱と筒の比較 パターンブロック：合成・分解で中心を見いだす色板：同じ形を複数枚使い，同じ形をつくる		同じとみる 合成する 分解する 分割する 折り重ねる図形を敷き詰める
第2学年	折り紙を使った分割分数の活動		
内容の美	≪円の性質≫ （中心と半径）	≪対称性≫ （垂直二等分線）	
第3学年	円の導入：等距離な位置を決める		図形の内部に図形を見いだす
	円を活用した二等辺三角形の作図	二等辺三角形の垂直二等分線を見いだす	
第4学年	回転角を使った模様づくり	三角定規の組み合わせと相似	
	正方形の対角線の性質	四角形の対角線の性質	
内容の美	≪円の性質と対称性≫		中心や直線，円などを図形にかく
	ある1点もしくは2点から等距離にある点を捉えて，図形を見いだそうとする心の働き		
第5学年	合同な図形：直角二等辺三角形の決定条件の考察で円を見いだす		特殊な場合として，基本図形を見いだし考察する
	正多角形と円：中心角を利用した作図や操作活動		
第6学年	線対称・点対称：合同の性質や180°回転した図形として統合する		
	円の面積		
活用発展(中)	円周角の定理円に内接する四角形の対角の和は180°		

合同な図形を作図する過程で大切なことは，図形が1つに決まるためには，どの構成要素が必要かを考察することである。本時では，教師が紙に1つの図形をかき，その図形と合同な図形をかく問題の時，「どんな図形だったら簡単にかける？」と投げかけた。まず，始めの子どもの図形に対するみえ方を明らかにするために，ノートに図形の名前をかかせ

た。すると正方形が簡単にかけると多く意見が出た。全ての辺が同じ長さで角度も90°だからという理由を述べた。しかし，円や直角二等辺三角形という意見を聞くと，確かに！という反応が挙がった。もう一度，簡単にかける図形のイメージを確認すると，円に多くの手が上がった。「円は半径もしくは直径が分かれば合同な図形がかんたんにかける」「正方形も1つの長さで書ける」「二等辺三角形も1つの長さでかける」「円がかけたら二等辺三角形がかける」と合同な図形をかくために必要な構成要素は何か着目し始めた。円と二等辺三角形を関連付ける発言は，第3学年で円を活用した二等辺三角形の作図の見方を自覚的に働かせようとしている。

半径が分かれば，合同な円がかけることを確認した後，次に簡単だと思える形はどれかを問うと，こんどは直角二等辺三角形というつぶやきが多く出た。どうしてそう思ったかを問い返すと，「直角二等辺三角形は1辺が分かればかける」「円を使えば簡単に書けそう」など，円の中心と半径に着目する反応が広がった。そこで，「合同な直角二等辺三角形は1辺だけでかけるか」を課題として，1辺の長さを11cmで提示して自力解決に入った。

② ≪円の性質と対称性≫の「見方」で直角二等辺三角形をかく

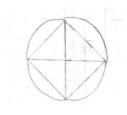

　検討では、1つの辺の長さだけでは、2種類の直角二等辺三角形ができることを確認した。そして、うまくかけなかった子に発表を促した。「下の辺（底辺）を11 cmとした時に、直角がうまくできなかった」と困難さを述べた（板書②）。すると、「そっちじゃなくて」と直角を挟む辺を11 cmにするとよいという考え（板書①）が発表された。

　すると、始めの考え（左）でもかけると直角をうまく作れなかった考え方に対して、「直角二等辺三角形が2つで正方形になるということは円がかけるから……」と話を始めた。ここで教師が発言を止め、円を着眼点として、左の直角二等辺三角形に円が見えるのか考える時間をとった。すると、正方形に外接する円が見える子が増えていった。どうして円がみえてきたのか？　を問い返すと「直角二等辺三角形を2つ組み合わせると正方形となる」「正方形の対角線が直径で、交点が円の中心となる」「直角二等辺三角形を中心で分けると（垂直二等分線を引くと）半分になった直角二等辺三角形がつくれる」などの意見から、半径5.5 cmの円が共有された。11 cmを対角線として直交させることでできる正方形や円を使うことで、直角二等辺三角形がかけることが分かった。

　さらに、①の直角二等辺三角形を半分すると、②の直角二等辺三角形になることに気付いていった。これらは、色板や直角二等辺三角形の三角定規を複数使って相似な形を作る活動、図形を折り重ねるなどの対称性を生かす経験が素地にある。

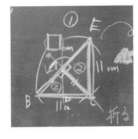

　「簡単にかける」という条件から、子どもは円や正方形、直角二等辺三角形という特殊な図形に着目し、円の性質や対角線、図形の対称性の見方を作図に活かしていった。

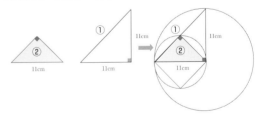

　一般には「次の三角形ABCと合同な三角形をかきましょう」と1つの図形を提示するため、既習事項の図形をみる見方を活かしきれない。何の見方を活かさせるか「円の性質と対称性」の見方もその一例であるが、「正多角形」を見る際、自覚的にその見方を働かせて作図することが期待できる。

互恵的に学ぶ集団を育てる授業づくり

高学年での学びにつながる二量を都合よくそろえる経験

青山尚司

1 比例関係を用いて二量を操作

　高学年の学習で不可欠となる，比例関係を用い，二量を操作する見方を働かせることができるように，第4学年でおしることカレーを題材とした2つの実践を行った。

2 おしるこの問題での実践

> 4人分のおしるこを作るとき、おもちを8個入れました。同じようにおしるこを12人分作るとき、おもちを何個入れたら良いでしょうか。

　子どもはこの問題解決を通して2つの方法を学んだ。1つは，まず1人分を求めてから12人分にする方法であり，もう1つは，人数が3倍になるから個数も3倍になるという比

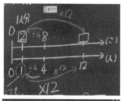

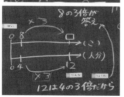

例関係を用いる方法である。式の意味を図で考えたり，図上の操作を言葉で説明したり，それを式化したりする過程の中に互恵的な姿が見られた。

3 カレーの問題での実践

> タマネギを4個使って、おいしいカレーが6人分できました。同じおいしさのカレーを□人分作るには、タマネギが何個必要ですか。

　問題を提示された子どもたちは，求める人数について，「九九の6の段だったらできる」と反応した。おしるこの問題で「かんたん」と感じた人数と個数との比例関係を使いたいという思いが生まれたのである。ところが，示された15人分は，6人分を整数倍した数になっていないため，おしるこの問題のようにできないのである。

　このとき Ta さん
は，おしるこの問題
と同じように数直線
図を描き，1人分を
求めてから15人分に
しようと考えた。し
かし，1人分にしよ
うとしても，4÷6の
計算ができないので
ある。おしるこの問

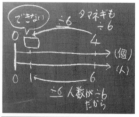

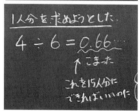

題で有用性を実感した2つの方法がどちらも使えないことから，「どうしたらいいの？」という問いが引き出されたのである。

　そんな中，Ri さんは6人分のタマネギ4個は，人数も個数も2で割ることができると気付いた。そして，1人分に替わるもととなる組み合わせとして，「3人分で2個」を作っていた。

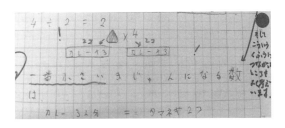

またRy君は，「表にしてできる人数を見つけていった」と発言した。表に整理することで，人数と個数を都合良くそろう部分を見いだそうとしたのである。しかし，子どもたちに見えていたのは，6の2倍の12人分や，6の3倍の18人分の部分であり，このままでは15人分にできない。

するとKo君が，「6人分の半分の3人分もできる」と発言した。「3人分2個」が表に入ると，Riさんが手を挙げた。Riさんが，「6人分を半分の3人分にして，その3人分を5倍すると，15人分になる」と説明をすると，「あ〜！」，「ホントだ」と声が上がった。そして，6人分のタマネギの個数である4個をどうするのかをペアで話し合い，半分の2個にしてから5倍して10個になることが共有された。

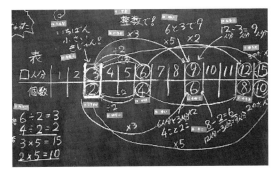

またこの時，Waさんが，「15人分だけじゃなくて，9人分にもできる」と発言し，「6人分で4個」を半分にした，「3人分で2

個」を使うと，都合よくそろう部分が多く見つかることを確認した。

こうして何人分ができるのかを表に整理したことによって，子どもは数直線図にも再着目した。6人分4個を1人分にすることはできなかったが，6人分の半分である3人分の目盛りを入れることによって，それを5倍して15人分にできることが意識付いたのである。

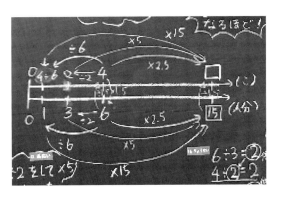

4 高学年の学びにつながる経験

実践した2つの問題の構造は似ているが，適した方法が異なる数値設定となっている。子どもたちは，おしるこの問題で，比例関係を用いることと，1あたりにすること，そして，カレーの問題では，基準を自分で作ることで問題を解決することができるという有用性を実感していったのである。

これらの見方を駆使して都合の良い組み合わせを見いだした経験は，高学年での割合や乗除法の学習に生きて働く見方となる。

実際に5年生になった子どもたちは，小数のかけ算の学習で，0.1を単位とする方法を学習した際に，「去年やったカレーの問題に似ている」と方法の類似点に気付いたのである（本誌特集 pp.12-13参照）。

TANAKA Hidemi

AOYAMA Shoji

MORIMOTO Takashi

OHNO Kei

NAKATA Toshiyuki

SEIYAMA Takao

NATSUSAKA Satoshi

どんな目的のための言葉か？

森本隆史

● 2年生「時こくと時間」

今回は141号の続きから話を始める。

時刻と時間のちがいについて，教師がそのちがいを教えて，1時間は60分だということを学んだ後，次のような問題を出した。

> 茗荷谷駅に8時50分に集合しました。その後，電車に乗り，池袋駅に9時9分に着きました。集合してから池袋駅に着くまでにかかった時間は？

ある男の子を指名すると，「1時間19分」と答えた。答えは19分なので，この子どもが言ったことはまちがっている。他の子どもたちが「ちがいます」と言って，元気よく手を挙げた。この子どもたちと授業をした回数はまだ10回目だった。

この場面，どのような目的のために，教師はどんな言葉を選択すればよいのだろうか。読者の皆様もこのような場面には，何度も遭遇しているのではないだろうか。

わたしは，まず，まちがった答えを言った発表者のことを考えた。「ちがいます」と何人もの子どもから言われたので，きっといやな気持ちになっているだろう。算数の授業をしていると，正答を出している子どもたちが強く発言する回数が多くなる。

わたしは，わかっている子どもが，まちがえた子どもやわかっていない子どもに対して，「ちがいます」と強く言う習慣をつけたくないと思っている。しかし，「ちがいます」と言っている子どもたちは，自分が正しい答えを言いたいという思いが強いだけで，友だちを嫌な気持ちにさせたいわけではない。だからこそ，「ちがいます」と言われた子どもが，どんな気持ちになっているのかをわからせる必要がある。

そのようなことを頭の中で考えたわたしは，先ほどの場面で，

「『ちがいます』って，何人もの人が言っているけど，発表したAくんは，どんな気持ちだろうね」と言った。

すると，かわいい2年生たちは，

「『ちがう』って言われたらいやだと思う」

「確かに」

と言い，すぐにAくんの気持ちに気付いてくれた。

ここでの教師の発言の目的は，

> （発言した子どもの気持ちに気づかせて）子どもと子どもをつなげること

ということになる。

● どんな目的のために言葉を発するのか？

算数の授業をしていると，いろいろな場面で教師は判断に迫られる。何となく，教師が子どもたちに言葉を発していることもあるだろうが，できれば意図的に言葉を発していきたいと常々思っている。

では，教師は算数の時間にどんな目的のために，どんな言葉を発しているのだろうか。

算数の時間に教師が発する言葉の目的には大きく4つあると考えている。

（1）子どもと算数をつなげる
（2）子どもと子どもをつなげる
（3）子どもの心のハードルを下げる
（4）教師が授業の設計をする

この4つの目的以外にも，言葉を発することはあるだろうが，授業を進めていく上で，この4つを特に意識している。本号では，すべてについてお伝えできないが，順に書いていく。

● 子どもと算数をつなげる言葉

算数の授業では，子どもの数学的な見方・考え方を育むためや，子どもたちの見え方が変わるようにするためなど，わたしたちは算数に関係のある言葉を数多く使っている。

例えば，5年「小数のかけ算」の導入として，次のような問題を出した。

1m80円のリボンがあります。
□mのとき，リボンは何円でしょう？

問題提示をした後，

「□がどんな数だったら簡単にリボンのねだんがわかる？」と，子どもたちに尋ねた。

このように尋ねるのは，ただ何となくではなく，子どもたちに既習の内容を想起させるためである。このように尋ねると，80×2や80×10という式が必ず出てくる。つまり，この目的は「既習内容を想起させる」ということができる。

また，4年「垂直・平行と四角形」の単元の終盤で，下のように少しずつ紙をずらしながら四角形を見せていった。

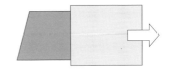

そして，
「この四角形は正方形？」……A
と，子どもたちに尋ねた。このようにわざとちがうことを尋ねることで，子どもたちの話し合いは活発になる。「正方形のはずがない」と言い，角に着目していく。「平行四辺形かもしれないし，台形かもしれないし，ひし形かもしれない」などと話し始めた。そして，子どもたちは辺の長さや辺の位置関係にも着目していった。

この場合，教師がAと言った目的は「図形の構成要素に着目させること」や「図形の構成要素の位置関係に着目させること」ということになる。

これはほんの一例だが，どんな目的で子どもと算数をつなげているのかを考えるとおもしろい。

ビルドアップ型問題解決学習

感覚とイメージを大切にした算数授業（3）

大野　桂

◆前回のあらすじ

本題材は，「どんな
四角形でも，4辺の中
点を直線で結んででき

た四角形は，必ず平行四辺形になる」に気づ
き，その理由を探求していく学習である。

前回の連載で，「正方形の中にできる四角
形は正方形」から，も
との四角形がひし形に
なるよう，正方形の上
下の頂点を内側に縮め
るように移動し，ひし
形へと変形していった
とき，中にできる四角
形が変化するようすを
イメージさせると，
「長方形になる」こと
を見出したことを述べた。

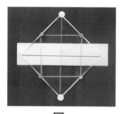

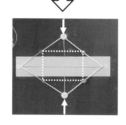

◆中にできる長方形の幅は変わる？　そ
れとも変わらない？

次に，縮めてできたひし形の頂点を上下に
広げるように移動していき，外側の四角形が
縦長のひし形になるようにしたとき，中にで
きる長方形がどう変化していくかを想像させ
てみた。子どもの反応は，当然のごとく「縦
に細長い長方形になっていく」であった。

ここで，「細長くっていうの
は，今の長方形よりも幅が狭く
なって長くなるということ？」
と問い返してみた。すると，

「そうそう狭くなって伸びる」
「えっ，幅は変わらないんじゃない」と，長
方形の幅が変化するイメージがについて意見
が2つに分かれた。

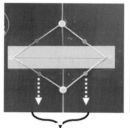

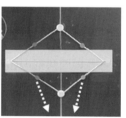

幅は変わらない　　　幅は狭くなる

◆中にできる長方形の幅は変化しない

混沌とした状態になるが，「幅は変わらな
い」という意見を言い張る子どもが現れる。

その理由は，「もとの四角形の左右の頂点
は固定されている。上下の頂点が広がると，
もとの四角形の辺の長さも伸びるけど，辺の
中点の位置は真ん中なんだから，中点の位置
は辺が伸びるにし
たがって上下する
だけで幅は変わら
ない」ということ
であった。

この意見がでたところで，実際に頂点を上下に移動させてみた。そして，確かに，中点の幅は変わらず，上下するだけであることを確認した。

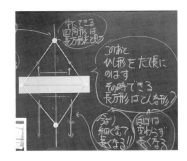

頂点が移動するに伴って，四角形が変化していくイメージが徐々に確立してきていることが分かる。

◆左右に移動したら中にできる四角形はどうなる？

「もとの四角形の頂点を上下移動しても，できる長方形の辺の幅は変化しない」というイメージが持てたところで，今度は「**左右に移動したらどうなるんだろう？**」という疑問が表出した。

この反応を捉えて，「頂点が左右に移動したとき，中にはどんな四角形ができるかイメージできるかな？」と促してみた。

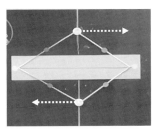

まず表出したのが「**ひし形**」である。続けて，「**平行四辺形**」という声も上がった。この「平行四辺形」という声を聴いて，「**平行四辺形になるには条件がある**」と言い出し，次のように述べた。

「でもさ，平行四辺形になるには，頂点を左右に動かす cm（長さ）が同じなら平行四辺形になるけど，動かす長さがちがったらへ行く四辺形にはならない」

まだイメージができてない姿の表れである。その反応を捉え，「なるほど！　上の頂点を右に10 cm 動かしたら，下の頂点を左に10 cm 動かす感じ？」と問うと。「そうそう」と全員がう頷いていた。

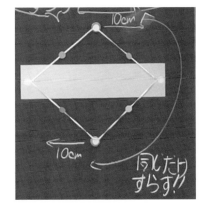

つぶやきであるが，「もし，同じ長さだけ動かさなかったら，なんでもない四角形ができる」などという声が聞こえてきた。

ここで，実際に同じ長さだけ頂点を同時に左右に動かし，確かに平行四辺形になることを確認し，イメージが確立した。

続きは次号で…

TANAKA Hidemi

AOYAMA Shoji

MORIMOTO Takashi

OHNO Kei

NAKATA Toshiyuki

SEIYAMA Takao

NATSUSAKA Satoshi

数がわかりやすくなる並べ方を考える
― 1年「いくつといくつ」―

中田　寿幸

1 8が分かるように並べよう！

ブロックが一列に数多く並んでいると，パッと見て数が分かりにくくなる。

子どもにいくつになると分かりにくくなるか聞いた。

「7個まではわかる。8個からはわかりにくくなる」という子が多くいた。

そこで，「8個のブロックがわかりやすいように並べてみよう」と課題を決めた。

子どもたちはこうすると8個がわかりやすくなると並べていった。

机の上に並べたブロック8個を写真で撮っていった。そして，スクリーンで見てみた。

すると，多くの子が右のように並べた。

『このように並べると，どうして8個ってすぐにわかるの？』と聞くと，「半分にすると4個と4個」だからと言う。しかし，その半分の仕方は右のように2種類あった。

右のようにずらして並べた子は「4個と4個が分かりやすいようにした」と説明した。

右のように並べた子は「3と3で6になって，あと2で8」と説明した。「3と3で6」のまとまりもわかりやすいと納得できた。

すると右の並べ方は「6と1と1」という意見が出された。「1つのブロックを動かして付けた2と6に見える」と言う子もいた。

「3と3で6」のまとまりが子どもの中には見やすいようだ。

そうなると右の並びは「3と2と3」に見えるという子が多かった。しかし，作った本人は真ん中の2を1と1に分けて，と両方の3と3につけて4と4になる」と言う。

「4と4で8」「3と3で6」と見る子が多くいることがわかった。

最後に右のように並べた子がどのように見ているのかを考えた。「これは8個ってよくわからないよ」と言っている子がいた。

「3と5に見える」という子がいた。

TANAKA Hidemi

AOYAMA Shoji

MORIMOTO Takashi

OHNO Kei

NAKATA Toshiyuki

SEIYAMA Takao

NATSUSAKA Satoshi

　右のように分けて，「3と5で8」と見る子がいた。下の写真のように分けて

「5と3で8」と見る子もいた。「逆さ

まになっているだけで同じだと思う」という意見も出された。

　ここまで出てきて気が付いた。どの並べ方も対称な形（線対称，点対称）になっている。わかりやすい並べ方をすると，1年生でも対称な形のよさを感じているのだろうと。

　この並べ方をした子は右のように分けていた。すると「4と4で8になる」と言う。そして，分けた形をそのままずら

していくと，多くの子がわかりやすいと言っていた右の形と同じになる。

2 9が分かるように並べよう

　次の時間には，子どもたちが並べた8と似た並べ方をしたものを提示し，パッと見て8

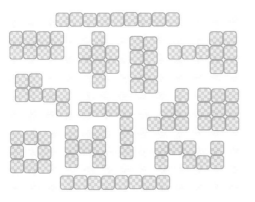

のまとまりがわかるかを聞くことから始めた。

　その中に8の並べ方に1つ加えた9のものも混ぜておいた。

　「今度は9が分かるように並べたい」と子どもたちは言う。子どもたちが並べた9が次のものを紹介する。

　31人中12人が右のように3×3の正方形に並べた。安定している形である。

　「4と4で8」の形に1をつけて（つける場所に違いはある）並べた子は9人いた。

　「4と4」が長方形になっていない子は下のような形で，それぞれ2人ずついた。

　十字に並べている子が2人いた。「2と5と2」と見る子もいれば，「4と5」「2と2と2と3」と見る子がいた。多様な見方ができる分，「9かどうかよくわからない」並べ方でもあった。

　階段状に「1と3と5」と並べる子もいた。
　次の時間は10が分かるように並べた。次回，紹介したい。

７２÷３の見方を引き出す工夫　Ⅱ
―4年生　わり算の筆算の導入―

盛山隆雄

１　前号での提案の概要

　前号では，72を３等分するための見方を引き出すための工夫について述べ，途中までの授業展開を示していた。その工夫とは，次のようなものである。

　72÷3は，わり算の筆算の授業でよく扱われる数値である。72を60と12に分けて，60÷3＝20，12÷3＝4，20＋4＝24と答えを導いていく。このような見方を引き出すための手立てとして次のような系統を考えた。

　通常は，60÷3，69÷3，72÷3と扱っていくところを，60÷3，72÷3の順に扱う。できればその２つの計算を，１時間の授業の中で扱うことを提案したい。

　69÷3は，十の位と一の位の両方の数値が3で割り切ることができる。60÷3の次に扱う数値としてはスモールステップになるのだが，位ごとにすっきりと割り切れるために，次の72÷3のときの計算の仕方でとまどう子どもが多くなると考えられる。60÷3の次に72÷3を扱った方が，既習の60÷3を使うイメージで，72を60と12に分ける見方に結び付きやすい。

２　授業の内容

（1）前号までの流れ

　前号で紹介した展開の要点を述べる。

　次のような問題を提示した。「３人きょうだいは，お買物のお手伝いをよくします。おつりが100円より少ない時は，おこづかいとしてもらえます。お金は３等分します。１人分のお金はいくらですか」

　そして，上の写真にもあるような表を提示して，月曜日は30円，火曜日は60円のおつりをもらうことができた話をした。

　この２つの金額に対して，子どもたちは３人で等分した金額を，式や図に表して解決した。その際，図は，アレイ図，線分図，そしてお金の図が発表されたが，10を単位にしたお金の図が最もわかりやすい，と子どもたちは評価した。また，計算の仕方についても，その図があるとわかりやすかった。

　例えば60÷3の計算の仕方を，6÷3＝2，その答えに０をつけて20円とする方法は，6÷3＝2は10を単位にした計算なので10が２つと考えられる。だから，最後に０をつけるという意味を理解することができた。

（2）72をどう見るか

と言って，先ほどの学習と関連づけていた。

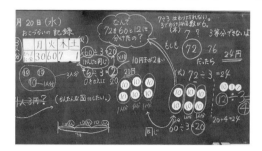

おこづかいの記録表を伸ばしてみると，木曜日が「7□円」となっていて一の位が見えない。ここで次のように子どもたちに話した。

「7□÷3は十の位が7だから3等分できないね」

この発言（ゆさぶり発問）のねらいは，十の位だけでは判断できないと反論させ，一の位に着目させることである。案の定，子ども達から次のような発言が出てきた。

「一の位の数によっては，割り切れるよ」

子どもたちは，一の位がどんな数だったら割り切れるのか考え始めた。ある子どもが

「72と76だったら割り切れる」

と発言したので，まずは72÷3が割り切れるかを考えてみることになった。

しばらく考えた後，発表に移った。指名した一人の子どもは，10円玉と1円玉の図を用いて考えを表現した。下の写真のように，60と12に分けて置いたのである。

この置き方の意味の説明は，他の子どもに求めたところ，次のような説明が加わった。

「72円を60円と12円に分けて，60÷3＝20，12÷3＝4　20＋4＝24　だから24円です」

それから，ある子どもは，

「60÷3は，さっきやった計算と同じです」

（3）なぜ72を60と12に分けたのか

72÷3＝24と割り切れることがわかり，解決したとき，

「なぜ72を60と12に分けたの？」

と問いを発する子どもがいた。この問いに対する答えを，みんなにノートに書いてもらったところ，次のような記述がみられた。

「72はそのままでは計算できないけど，60と12にわければ両方の数が割り切れるので，72が3で割り切れるとわかります。60÷3＝20をやっていたから，72を60と12にわけてみました」

既習の60÷3と結び付けて記述する子どもが多くいたのである。板書を見ても，すぐ近くに60÷3の式や図があるので，ヒントになっていた。もし，2時間前に60÷3，前の時間に69÷3をやってから72÷3に臨んだとき，すんなり72を60と12に分けて見ることができただろうか。おそらくそれは，一部の子どもに留まると思われる。

計算の仕方は，演算の意味と数の見方を用いて考えることができる。どうしたら，子どもから数の見方を引きだすことができるのか，課題にして今後も研究を深めていきたい。

折り紙を使って考える

夏坂哲志

1 難しい問題

森本先生が下の問題を見つけてきた。x の角度を求める問題だ。（四角形 ABCD は正方形）

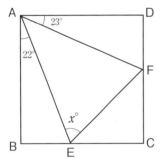

算数部の他の先生にも出題したところ，けっこう手こずったという。けれども，答えを求めることができたというから，私も負けてはいられない。ノーヒントで取り組むことにした。

20年ぐらい前の本校算数部内では，面白い問題を見つけてきては出し合うことがよくあった。答えがわかると最高に嬉しいのだが，悔しい思いも何度もした。

みんなが「いいね」と認めた問題は，ファイリングされた。問題の意味がすぐに理解できて，答えはわかりそうでわからないぐらいがよい。難しすぎてもだめである。出題する側のセンスも問われるのだ。（上の問題は，個人的には好きな問題である。読者の皆さんも，読み進む前に考えてみてください。）

2 子どもはどう考えるのだろう？

とりあえず，自分なりの答えは出すことができた。しかし，もっとよいやり方がありそうなのだ。模範解答は無かったので，なんかモヤモヤした気持ちだった。

そこで，子どもはどんなふうに考えるだろうかと思い，単元と単元の間のチャレンジ問題として出題してみることにした。

「今日は，とっても難しい問題を出します。先生もなかなか答えが出せませんでした。たぶん，答えを出せる人はいないと思います。でも，まずは話し合わずに，自分一人の力で答えを求めてみましょう」

普段の授業とは全く違う。子どもの気づきをつないでいくつもりはほとんどない。何という乱暴な出題の仕方だろう。

でも，子どもは「先生も難しかった」「答えを出すのは無理だと思う」と言われたせいか，逆に奮起して取り組み始めた。

$22° + 23° = 45°$

$90° - 45° = 45°$

であることには，多くの子が早い段階で気がついた。つまり，角 BAE と角 DAF をたした角と，角 EAF が等しくなるということだ。角 EAF の間に直線を1本引いている子もいる。

子どもたちが気づいたことや，図に書き込んでいることなどを，机間巡視しながら，実況中継して歩く。何もせずに眺めているだけの子がいないことに感心した。

3 子どもの方が賢い

15分ほどして，「これが答えかなあ？」という子が2人いた。2人の考え方は，私の求め方とは違っていた。けれども，説明をよく聞いてみると，私の考え方よりもずっとわかりやすかった。

その後，時間内に答えを求められた子が何人かいたのだが，その中で，私と同じ考え方をした子は1名だけ。あとは，最初に答えを見つけた2人と同じやり方だった。

私の考え方を先に説明すると，つぎのようになる。下の図を見ていただきたい。

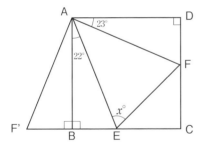

三角形 ADF を切り取って辺 AB につなげると，三角形 AEF と三角形 AEF' は合同になる。

だから，角 AF'E ＝角 AFE

また，　角 AF'B ＝角 AFD

以上のことから，角 AFE ＝角 AFD ＝67°

よって，$x = 68°$ であることがわかる。

ところが，多くの子どもたちが考え出した方法は，もっとシンプルなものだった。その方法は，折り紙を使うとわかりやすい。

4 折り紙を使って

折り紙を，次のように折ってみる。

① 折り紙の左の辺から22°の直線を引く。

② ①で引いた直線で折る。

ここで，最初の問題を想起させながら，次の折り方を考えさせてみる。

すると，③の折り方を言う子がいる。

③ 折り紙の上の辺を右図のように折る。

④ 左下がりの直線を引いて開くと，最初の問題と同じような線が残る。

つまり，③のように折ってできる三角形が AEF だということである。そこには⑤のように，線対称な図形（たこ形 EGAB と FDAG）が2つ見えてくる。

ちょうど単元「対称な図形」の直後にマッチした問題だったのだ。

①

②

③

④

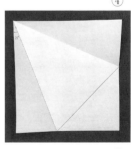

⑤

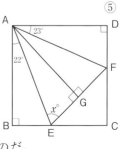

ⓘ 算数授業情報
information

602

『算数授業研究』GGゼミナール　第16回

日　時：8月27日（土）　9:30-12:00

テーマ：学期始めの算数授業づくりで大事に
　　　　すること

担　当：夏坂哲志，田中英海

❶「授業ビデオ対談」

　田中の授業ビデオを見ながら対談

❷「全学年　2学期授業ポイント講座」

　各学年の重要単元のポイント，教材の在り
　方が分かる！

申込み：東洋館出版社HPより

期　限：8月26日（金）

603

第70回『算数授業研究』公開講座

【定期購読者特典‼　無料講座】

テーマ：個を大切にする協働的な学び

日　時：9月10日（土）　14:00-17:00

❶「ビデオ公開授業＆協議会」

　5年「速さ」青山尚司

❷「授業づくりミニ講座＆質問タイム」

　中田，森本，田中

❸定期購読者へプレゼント

『算数授業研究』を定期購読しませんか？

○8月31日までに定期購読にお申し込みの方は，
　第70回の9/10（土）公開講座に無料で参加で
　きます。
・1年間で「算数授業研究」が5冊，「算数授業
　論究」が1冊届きます
・東洋館出版社で定期購読をすると，なんと10%
　OFF‼
　980円×6冊×0.9＝5,292円（1年分）

604

『算数授業研究』GGゼミナール　第17回

日　時：12月4日（土）　9:30-12:00

担　当：大野桂，森本隆史

605

第71回公開講座

日　時：10月22日（土）

授業者：大野桂，田中英海

606

『算数授業研究』GGゼミナール　第18回

日　時：1月8日（日）　13:00-15:30

担　当：盛山隆雄，青山尚司

607

全国算数授業研究会（冬の広島大会）

日　時：令和5年1月21日（土）

会　場：広島県三原市立南小学校

テーマ：見つめなおす「わたし」の算数授業

内　容：公開授業及び協議会①②③・シンポ
　　　　ジウム・講演

※全国算数授業研究会のホームページに情報
を更新していきます。

608

算数スプリングフェスティバル

日時：3月4日（土）

公開授業者：中田寿幸　青山尚司

『算数授業研究』 支部紹介
branch introduction

　算数授業研究の支部は，雑誌『算数授業研究』の定期購読者6人以上（新規3人以上）で設立できます。新たに3支部が立ち上がり，現在立ち上がっている11支部になりました。

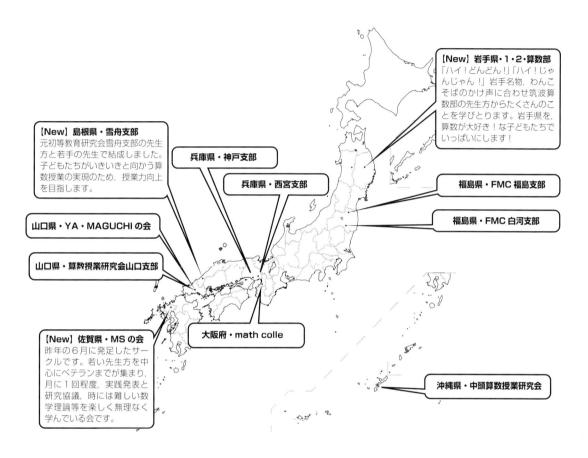

【New】岩手県・1・2・算数部
「ハイ！どんどん！」「ハイ！じゃんじゃん！」岩手名物，わんこそばのかけ声に合わせ筑波算数部の先生方からたくさんのことを学びとります。岩手県を，算数が大好き！な子どもたちでいっぱいにします！

【New】島根県・雪舟支部
元初等教育研究会雪舟支部の先生方と若手の先生で結成しました。子どもたちがいきいきと向かう算数授業の実現のため，授業力向上を目指します。

兵庫県・神戸支部

兵庫県・西宮支部

福島県・FMC 福島支部

福島県・FMC 白河支部

山口県・YA・MAGUCHI の会

山口県・算数授業研究会山口支部

【New】佐賀県・MS の会
昨年の6月に発足したサークルです。若い先生方を中心にベテランまでが集まり，月に1回程度，実践発表と研究協議，時には難しい数学理論等を楽しく無理なく学んでいる会です。

大阪府・math colle

沖縄県・中頭算数授業研究会

　支部の勉強会には，筑波大学附属小学校算数部員が年に一度 Zoom で参加します。本誌をお読みいただいているみなさんも，支部を設立して一緒に勉強をしませんか？

1．定期購読のお申込み

　　https://www.toyokan.co.jp/pages/subscribe#public5

2．支部設立のお申込み

　　https://forms.gle/MLB4UzqNGdPZZDQ99

　　※フォームへの入力はお一人につき1件ずつお願いします。

　　※支部名を共有し，正しく入力してください。

3．支部に関するお問い合わせ

　　s.aoyama.tsukuba@gmail.com　（担当：青山尚司）

定期購読のお申込み

支部設立フォーム

e 編集後記
editor's note

◆最近，動画を早送りで視聴する人が増えていると聞いた。

　例えば，はやりのドラマや映画，歌などを，友達との会話に入れる程度に知っておくために，あらすじやさびの部分をとりあえず見ておく。限られた時間の中で，仕事に必要な情報を得たりキャリアアップするための学習をしたりする。理由は様々らしい。

　コロナ禍によって増えたオンライン学習では，大学の講義を早送りで受けたり，同時に複数の講義を視聴したりするといったことも問題になっているようだ。

◆小学校の授業は，早送り再生が可能だろうか。

　問題を解くための公式や解法などを一方的に与えるだけの講義形式ならば，もしかしたら可能だと言われるかもしれない。

　しかし，子ども達は算数の授業を通して，算数の知識を得ているだけではない。学び方を獲得しているのだ。そのためには，聞いて終わりではなく，聞いて考えてみたり，試してみたり，他者に伝えたりする時間が不可欠である。

◆新たに「訪ねてみたい算数スポット」のコーナーをつくった。今回は，湯藤先生（北海道）と新城先生（沖縄）から素敵な場所を紹介していただいた。

　このページは，「今年の夏休みは旅行ができるかも」という期待もあって企画したものだが，編集作業をしている最中，新型コロナウイルスの第7波がやってきてしまった。感染者数は毎日のように過去最高を更新している。

　一日も早く，マスク無しの生活，公開授業研究会が開ける日がやってくることを願うばかりである。　　　　　　　　　　（夏坂哲志）

n 次号予告
next issue　　　　　　　　　　No.143

特集　算数の学び方
──自立的・主体的な学び手を育てる

「困難な問題にも，あきらめることなく考え続ける・新たな方法を考え，試す」「自らの経験を問題と関連づけ，解決の道筋を切り拓く」「現状の解法に満足せず，より洗練することに情熱を燃やす」「理を明らかにしようと深く考える」

　このような態度や力が備わっている子どもは，自ら学びを進められる人間，すなわち自立した学び手と呼ぶに相応しい。算数授業の目的は，このような子どもへと育てることである。

　次号では，「算数の学び方」と題し，自立的・主体的な学び手を育てるための指導に焦点を当てて特集を組むこととした。

s 定期購読
subscription

『算数授業研究』誌は，続けてご購読いただけるとお得になる年間定期購読もご用意しております。

■ 年間購読（6冊）5,292円（税込）
　［本誌10%引き！　送料無料！］
■ 都度課金（1冊）980円（税込）
　［送料無料！］

　お申込詳細は，弊社ホームページをご参照ください。定期購読についてのお問い合わせは，弊社営業部まで（頁下部に連絡先記載）。　　https://www.toyokan.co.jp/

算数授業研究 No.142
　　　　　　2022年8月31日発行

企画・編集／筑波大学附属小学校算数研究部
発　行　者／錦織圭之介
発　行　所／株式会社 東洋館出版社
　　〒113-0021　東京都文京区本駒込5丁目16番7号
　　電話　03-3823-9206（営業部）
　　　　　03-3823-9207（編集部）
　　振替　00180-7-96823
　　URL　https://www.toyokan.co.jp

印刷・製本／藤原印刷株式会社
ISBN 978-4-491-05028-7　Printed in Japan

後期から使える下巻改訂版ついに刊行!

田中博史 全面監修

B5判
3,080円(税込)

ここが新しい

大好評頂いている板書シリーズ

◇ **新学習指導要領に対応**

子どもとの対話を板書しながら展開していく授業の実際がわかる!

◇ **執筆者による授業DVD付き**

授業づくりのポイントをより見やすく!!

◇ **全ページ見やすい2色刷り**

1年(上)執筆:小松信哉・中田寿幸・永田美奈子・森本隆史

本書は『板書で見る全単元・全時間の授業のすべて』のシリーズの第3期になります。このシリーズは読者の先生方の厚い支持をいただき累計100万部となる,教育書としてはベストセラーと言えるシリーズとなりました。

今回のシリーズも執筆者集団には,文字通り算数授業の達人と言われる面々を揃えました。子どもの姿を通して検証された本物の実践がここに結集されていると思います。さらに,各巻には具体的な授業のイメージをより実感できるように,実際の授業シーンを板書に焦点を当て編集した授業映像DVDも付け加えました。

明日の算数授業で,算数好きを増やすことに必ず役立つシリーズとなったと自負しています。

板書シリーズ算数 総合企画監修
「授業・人」塾 代表 **田中 博史**
前筑波大学附属小学校副校長・前全国算数授業研究会会長

山本 良和 著 2年(上)

夏坂 哲志 著 3年(上)

大野 桂 著 4年(上)

盛山 隆雄 著 5年(上)

尾﨑 正彦 著 6年(上)

絶賛発売中!!

新 板書で見るシリーズ
特設サイトはこちらから↓

見やすい二色刷り

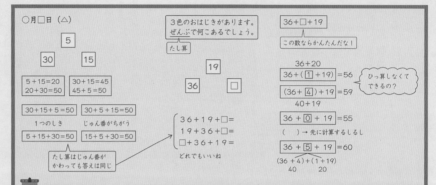

本時案

おはじきは全部で何個あるのかな？ 11/11

本時の目標
・3口のたし算場面を通して、たし算の交換法則と結合法則が成り立つことや、式の中に（ ）を用いる意味を理解することができる。

本時の評価
・たし算の交換法則が成り立つことを理解することができたか。
・たし算の結合法則が成り立つこと及び（ ）を用いて式を表す意味を理解することができたか。

準備物
・おはじきの数を書いたカード

授業の流れ

1 全部で何個あるでしょう？

5+15=20　30+15=45
20+30=50　45+5=50

30+5+15=50　30+15+5=50

30+15+5=50　15+5+30=50

問題場面を提示し、おはじきの個数を書いた3つのカード（30、5、15）を見せる。子どもは、たし算の場面だと判断し、個数を求める式を書く。そしておはじきの数は、2つの式でも1つの式でも求められること、足す順番が変わっても答えは同じだということを確かめる。

何色のおはじきの数から足してもよいので、たし算の交換法則が成り立つ意味が理解しやすい。

2 たし算は順番が変わっても答えは同じだから…

19+36+□
36+19+□　□+36+19

もう1組のおはじきの数（36、□、19）を示す。ところが、1つの色のおはじきの数は決まっていない。後で数を決めることを伝え、1つの式に表すことにする。

3 「36+□+19」の計算が簡単にできる数を入れよう！

36+1+19
36+4+19
36+5+19
36+0+19

どうしてその数にしたのかな？　なるほど。その数にした気持ちが分かる

この数だったらどうして簡単なのかな？

「36+□+19」の□の中に、この数だったら簡単に計算できると思う数を書き入れさせると、上のような数を入れている。

4 どうしてその数にしたのかな？

友達が□の中に入れた数の意味を考える。

「1」は「1+19=20」になるから簡単だと言う。また、「4」の場合は、「36+4=40」になるから簡単。どちらも足すと一の位が0になる数にしていることが分かってくる。

さらに「5」の場合は、これを4と1に分けて、「36+4=40」と「1+19=20」にしていることも理解される。

○月□日（△）

5

30　15

5+15=20　30+15=45
20+30=50　45+5=50

30+15+5=50　30+5+15=50

1つのしき　じゅん番がちがう

5+15+30=50　15+5+30=50

たし算はじゅん番がかわっても答えは同じ

3色のおはじきがあります。ぜんぶで何こあるでしょう。

たし算

19　□

36

36+19+□＝
19+36+□＝
□+36+19＝

どれでもいいね

36+□+19

この数ならかんたんだな！

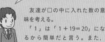

36+20
36+（①+19）=56
（36+④）+19=59
40+19

ひっ算しなくてできるの？

36+⓪+19=55

（ ）→先に計算するしるし

36+⑤+19=60

(36+4)+(1+19)
　40　　　20

まとめ

たし算は足す順番を変えても答えは変わらないこと、そして、3口のたし算の場合に右側から先に計算しても左側から計算しても答えは変わらないことを確かめる。また、3口のたし算で先に計算することを表す記号に（ ）があることを教える。

36+（1+19）=56
（36+4）+19=59
36+5+19=(36+4)+(1+19)=60

おはじきは全部で何個あるのかな？
048

第11時
049

右端インデックス
1 表とグラフ
2 たし算
3 ひき算
4 長さ
5 1000までの数
6 かさくらべ
7 時こくと時間
8 三角形と四角形

各巻1本の授業動画付

1年（上）中田 寿幸　「とけい」第2時

2年（上）山本 良和　「たし算」第11時

3年（上）夏坂 哲志　「わり算」第10時

4年（上）大野 桂　「倍の見方」第1時

5年（上）盛山 隆雄　「小数のわり算」第1時

6年（上）尾﨑 正彦　「対称な図形」第1時
関西大学 初等部 教諭